AF559326

Sheri Rose Shepherd

Meine geliebte Tochter

Über die Autorin

Sheri Rose Shepherd ist eine sehr humorvolle, inspirierende Rednerin und Autorin, die in ihren Vorträgen und Büchern auf ermutigende Weise zu einem Leben mit Gott einlädt – und zu der Entdeckung, dass wir Frauen Töchter des Königs sind! Sie ist Autorin einer ganzen Reihe ermutigender Bücher, hat *His Princess Ministries* gegründet und spricht Jahr für Jahr vor Tausenden von Zuhörern in Gemeinden und auf Frauenkonferenzen.

SHERI ROSE SHEPHERD

MEINE *geliebte* TOCHTER

LIEBESBRIEFE VON DEINEM HIMMLISCHEN VATER

AUS DEM ENGLISCHEN
VON MARTINA MERCKEL-BRAUN

INHALT

Wie dieses Buch entstand 10
Ich habe dich auserwählt 14
In meinen Augen bist du unendlich kostbar 16
Du musst dich nicht anpassen 18
Es ist nie zu spät 20
Sei heute mein Licht für diese Welt 22
Laufe so, dass du den Siegespreis bekommst 24
Ich bin der Weg 26
Schaue auf das, was wirklich wichtig ist 28
Höre auf meine Stimme 30
Deine Gebete können Berge versetzen 32
Triumphiere inmitten von Schwierigkeiten 34
Achte deinen Körper 36
Dir ist für immer vergeben 38
Du wirst eine große Belohnung erhalten 40
Folge mir nach 42
Du bist eine wahre Schönheit 44
Ich bin bei dir in Zeiten der Prüfung 46
Freiheit ist eine Entscheidung 48

Vertraue mir die an, die du liebst 50
Ich werde dir die verlorene Zeit erstatten 52
Kämpfe für das, was wirklich wichtig ist 54
Ich habe dir ein wertvolles Geschenk gemacht........ 56
Dein Leben ist eine Symphonie 58
Erfülle dein Heim mit Frieden 60
Du hast schöne Hände 62
Sprich meine Leben spendenden Worte 64
Lebe voller Zuversicht 66
Ich werde dich beschützen............................. 68
Geh keine Kompromisse ein 70
Blühe dort, wo du eingepflanzt bist 72
Warte auf mich 74
Ich will dein Herz heilen 76
Sei mutig und stark.................................... 78
Ich bin gekommen, um dir zu dienen 80
Gehe den Weg, der zum Leben führt.................. 82
Kleide dich wie ein Königskind 84
Fürchte dich nicht..................................... 86
Lebe in der Wahrheit 88
Ich schenke dir Frieden 90
Komm zu mir... 92
Im Himmel warten große Schätze auf dich............ 94
Du bist meine wunderschöne Braut.................... 96

Verschenke deine Liebe 98
Lege deine Pläne in meine Hände 100
Mir ist alles möglich 102
Du bist mit mir verbunden 104
Du bist nie allein 106
Ich will deine geistlichen Augen öffnen 108
Bewahre dein Herz und deine Gedanken 110
Ich halte dich und gebe dir Kraft 112
Bete mit Vollmacht 114
Ich will dir eine echte Freundin schenken 116
Ich will dich befreien 118
Ich habe dich aus Gnade gerettet 120
Du brauchst Erholung 122
Deine Zeit ist kostbar 124
Du bist ein edles Gefäß 126
Ich bewahre dich davor zu fallen 128
Ich möchte, dass du zufrieden bist 130
Liebe mein Wort leidenschaftlich 132
Zeige den Verlorenen den Weg 134
Du darfst mich um alles bitten 136
Bekenne mir deine Schuld 138
Du bist eine neue Schöpfung 140
Ich tue das, was am besten für dich ist 142
Ich habe dich in meinen Dienst gerufen 144

Du darfst weinen . . . 146
Vertrau mir die Kontrolle über dein Leben an . . . 148
Verschenke dich an andere . . . 150
Überschlage die Kosten . . . 152
Sei ganz du selbst . . . 154
Achte auf deine Worte . . . 156
Lass deine Schuld los . . . 158
Lerne, Grenzen zu setzen . . . 160
Geh, wohin ich dich sende . . . 162
Sorge gut für dich selbst . . . 164
Die Liebe ist kein Spiel . . . 166
Nimm deine Mitmenschen an . . . 168
Du bist mein Meisterwerk . . . 170
Meine Liebe zu dir übersteigt alle Vorstellungskraft . . . 172
Du hast eine Wohnung im Himmel . . . 174
Ich freue mich über dich . . . 176
Suche meine Nähe . . . 178
Sei ein Vorbild für deine Mitmenschen . . . 180
Behüte dein Herz . . . 182
Du wirst unvergessen bleiben . . . 184
Ich bin dein Anfang und dein Ende . . . 186

Eine letzte Anmerkung der Autorin . . . 188

Nicht ihr habt mich erwählt, sondern ich euch …

Johannes 15,16

WIE DIESES BUCH ENTSTAND

Vor Kurzem befand ich mich auf dem Heimflug von einem Wochenendseminar für Frauen. Erschöpft lehnte ich mich in meinem Sitz zurück, während ich über die vergangenen Tage nachdachte, die ich mit tollen Frauen verbracht hatte. Wir hatten gelacht, wir hatten geweint, wir hatten zu viel gegessen und zu wenig geschlafen. Es war für mich eine große Ehre, dass eine ganze Reihe dieser Frauen so viel Vertrauen zu mir hatten, dass sie bereit waren, mir von den dunklen Seiten ihres Lebens zu erzählen, von denen nur wenige wussten.

Während ich dort saß und die Wolken unter mir und den Himmel über mir betrachtete, sehnte ich mich verzweifelt danach, dass Gott im Leben meiner neuen Freundinnen ein Wunder tat. Würde wohl irgendetwas von dem, was ich gesagt hatte, Evelyn den Mut geben, noch einmal von vorn anzufangen? Konnte es im Fall von Joyce die Wunden der Vergangenheit heilen? Konnte es Kim die Kraft geben, den Menschen zu vergeben, die sie verletzt hatten, oder Jan dazu in die Lage versetzen, ihre Schwierigkeiten zu meistern? Das Leben ist manchmal unglaublich hart. Konnte ein

Wochenende mit Gemeinschaft, Offenheit und Bibellehre ihnen geben, was sie brauchten, um Gottes Berufung für ihr Leben zu erkennen und umzusetzen?

Ich begann, über mein eigenes Leben nachzudenken und über all die Jahre, die ich verschwendet hatte, weil ich Gottes Plan und seine Absichten für mein Leben nicht gekannt hatte und mir nicht bewusst gewesen war, dass er mir seine Kraft zur Verfügung stellen wollte. Ich bedauere noch heute die falschen Entscheidungen, die ich damals getroffen habe. Sie brachten mich auf einen Weg der Selbstzerstörung und führten dazu, dass mein Leben von Drogen, Depressionen und Essstörungen geprägt war. Damals war ich davon überzeugt gewesen, dass sich all meine Probleme in Luft auflösen würden, wenn ich es nur schaffte, abzunehmen und hübsch und beliebt zu sein. Aber auch nachdem ich meine Süchte überwunden und abgenommen hatte, war ich getrieben von dem Verlangen, möglichst viel Geld zu verdienen, und sehnte mich verzweifelt nach der Anerkennung meiner Mitmenschen. Doch selbst die Tatsache, dass ich beruflich erfolgreich war und Schönheitswettbewerbe gewann, schenkte mir keine Erfüllung.

Während mich noch die innere Leere und die Sinnlosigkeit meines Lebens quälten, lernte ich ein Missionars-Ehepaar kennen, das mir von der großartigen, unvergänglichen Krone erzählte, die Gott mir anbot. Als ich sein Geschenk des ewigen Lebens annahm, wusste ich, dass ich endlich die Antwort auf meine Fragen gefunden hatte. Aber es dauerte noch Jahre, bis ich von den Fesseln meiner Vergangenheit frei wurde und die Berufung entdeckte, die Gott für mich hatte. Heute bin ich ein neuer Mensch und habe die Vergangenheit dorthin gebracht, wo sie hingehört … ans Kreuz.

Das Flugzeug brachte mich nach jenem Wochenendseminar sicher heim, aber der Gedanke an die zahllosen Frauen, die an jenem Abend ebenfalls nach Hause kommen und sich alles andere als sicher – geschweige denn *zu Hause* – fühlen würden, quälte mich sehr. Während ich über mein eigenes Leben und das dieser Frauen nachsann, begriff ich, dass wir unseren Schmerz und unsere Vergangenheit, unsere Ängste und unser Versagen hinter uns lassen und *seine geliebten Töchter, seine Prinzessinnen* werden können.

Ich weiß, wie schwer es uns fällt, uns vor dem Hintergrund unseres Lebens und unserer Erfahrungen als *geliebte Königstöchter* zu betrachten. Aber die Wahrheit ist: Gott ist unser König und unser Vater und *er hat uns auserwählt* (1. Petrus 2,9). Leider haben viele von uns die wahre Identität, die wir in Gottes Augen besitzen, gegen ein falsches Ich eingetauscht, das nach den Erwartungen unserer Mitmenschen geformt ist und von unseren eigenen Ängsten bestimmt wird.

Während der folgenden Monate las ich intensiv in der Bibel und schrieb auf der Grundlage unterschiedlicher Verse auf, was Gott persönlich zu uns sagen könnte, wenn wir ihm wirklich mit offenem Herzen zuhören, ihn beim Wort nehmen und ihm voll und ganz vertrauen würden.

Ich bete, dass diese „Liebesbriefe“ deines himmlischen Vaters dich innerlich ganz persönlich ansprechen, während du sie liest, und dass du nie wieder daran zweifelst, *wer* du bist, *warum* du hier bist und *wie sehr* Gott dich liebt.

In Liebe

Sheri Rose

ICH HABE DICH AUSERWÄHLT

Meine geliebte Tochter,

schon vor Grundlegung der Welt habe ich dich dazu auserwählt, eine Prinzessin zu sein. Du bist eine geliebte Königstochter, auch wenn du dich vielleicht nicht so fühlst. Ich werde auf dich warten, bis du bereit bist, das wunderbare Leben zu leben, das ich für dich geplant habe.

Du weißt vielleicht nicht, wo du anfangen sollst oder wie du die Berufung, die ich in dich hineingelegt habe, erfüllen kannst – darum erlaube mir, dich Tag für Tag zu lehren. Beginne damit, dass du erkennst, wer ich bin: der König der Könige und Herr aller Herren. Wenn wir beide einander täglich in der Stille begegnen, werde ich dir zeigen, wie du die Dinge in deinem Leben loslassen kannst, die dich daran hindern, die Segnungen zu empfangen, die ich dir schenken möchte.

Denke daran, meine geliebte Tochter: Ebenso, wie ich dich erwählt habe, habe ich dir auch die Wahl gelassen, die Menschen in dieser Welt mit mir bekannt zu machen. Wenn

du bereit bist, bin ich da, um dir all das zu geben, was du brauchst, um deine Berufung zu erfüllen.

In Liebe
Dein Herr und König, der dich auserwählt hat

....

Vielleicht seid ihr stolz darauf, dass ihr euch für mich entschieden habt. Aber erinnert euch daran, dass ich es war, der euch ausgewählt hat. Ihr selbst habt diesen Weg nicht begonnen. Ich bin es, der euch in diese Welt gestellt hat, damit euer Leben fruchtbar wird und all das, was ihr unter der Herrschaft Gottes tun werdet, euch nicht mehr genommen werden kann. Als Menschen, die Frucht bringen, könnt ihr den Vater um alles bitten, indem ihr euch auf mich beruft, und er wird es euch geben.

Johannes 15,16 (Willkommen daheim)

IN MEINEN AUGEN BIST DU UNENDLICH KOSTBAR

Meine geliebte Tochter,

du bist die Tochter des Königs aller Könige – und nicht die Tochter irgendeines Königs. Du bist *meine* Tochter und ich bin der Gott des Himmels und der Erde. *Ich freue mich über dich!* Du bist mein Augapfel. Du bist Papas kleines Mädchen. Vielleicht liebt auch dein irdischer Vater dich von ganzem Herzen, aber seine Liebe ist nicht vollkommen, gleichgültig, wie groß – oder wie klein – sie ist. Nur *meine* Liebe ist vollkommen … denn *ich bin die Liebe in Person.* Ich habe deinen Körper gebildet. Ich habe deinen Geist und deine Seele geschaffen. Ich kenne deine Persönlichkeit und ich verstehe deine Bedürfnisse und Sehnsüchte. Ich sehe deine Schmerzen und deine Enttäuschungen und ich liebe dich mit leidenschaftlicher Liebe und viel Geduld. Meine geliebte Tochter, ich habe einen Preis für dich bezahlt, damit wir für alle Ewigkeit eine innige Beziehung zueinander haben können. Bald werden wir einander von Angesicht zu Angesicht

sehen – Vater und Tochter –, und du wirst den wunderbaren Ort kennenlernen, den ich im Paradies für dich vorbereitet habe. Bis es so weit ist, halte deinen Blick auf den Himmel gerichtet und bleibe ganz nah bei mir. Dann wirst du erleben, dass meine Arme – obwohl ich Gott bin – nicht zu groß sind, um dich zu halten, meine geliebte Tochter.

In Liebe
Dein König und Papa im Himmel

....

Ich werde euer Vater sein, und ihr werdet meine Söhne und Töchter sein. So spricht der Herr, der allmächtige Gott.
2. Korinther 6,18

DU MUSST DICH NICHT ANPASSEN

Meine geliebte Tochter,

ich weiß, dass du dir wünschst, angenommen zu werden, aber ich habe dich nicht dazu erschaffen, die Erwartungen anderer zu erfüllen. Du, meine Prinzessin, wurdest dazu erschaffen, aus der Menge herauszustechen. Nicht, um die Aufmerksamkeit auf dich selbst zu lenken, sondern um ein Leben zu führen, das andere Menschen auf mich hinweist.

Denke daran, dass es deine Entscheidungen sind, die dir den Weg zum Leben ebnen. Ich werde dich niemals zu irgendetwas zwingen. Ich habe dir einen freien Willen gegeben, damit du selbst entscheiden kannst, ob du deinen Lebensweg mit mir gehen willst oder nicht.

Du sollst wissen, dass du jederzeit deine Krone aufsetzen und deinen Mitmenschen mitteilen kannst, dass du zu mir gehörst. Auf deinem Leben liegt eine königliche Berufung.

Vergiss nie, dass du die Krone des ewigen Lebens trägst und dass ich durch dich viel mehr tun kann, als du je zu träumen wagen würdest.

In Liebe
Dein himmlischer König, der dich gekrönt hat

....

Rede ich den Menschen nach dem Munde,
oder geht es mir darum, Gott zu gefallen?
Erwarte ich, dass die Menschen mir Beifall klatschen?
Dann würde ich nicht länger Christus dienen.
Galater 1,10

ES IST NIE ZU SPÄT

Meine geliebte Tochter,

es ist nie zu spät, um zu mir zurückzukehren. Als ich dich vor die Entscheidung gestellt habe, dich für ein Leben an meiner Seite zu entscheiden, habe ich keinen Countdown gestartet. Ich werde mein Liebesangebot niemals zurückziehen. Ich warte geduldig auf dich, aber ich wünsche mir, dass du keinen Moment der kostbaren Zeit verpasst, die du mit mir verbringen kannst. Du brauchst dich nicht an irgendeinen besonderen Ort zu begeben, um mich zu finden. Rufe einfach nach mir, dann werde ich zu dir kommen. Wohin auch immer du gegangen bist – meine Gnade ist dir gefolgt. Was auch immer du getan hast – ich werde nicht mehr an deine Schuld denken.

Komm noch heute zu mir, und ich werde mehr für dich tun, als nur den Schaden wiedergutzumachen, den du angerichtet hast … Ich werde dir alles wiedergeben, was du verloren hast. Eines Tages wirst du auf diesen Moment zurückschauen und erkennen, dass er der Wendepunkt war. Du

fühlst dich jetzt wie eine geliebte Tochter – was du in meinen Augen schon immer warst. Komm zu mir, damit wir uns neu ineinander verlieben können.

In Liebe
Dein himmlischer Vater, der dir immer seine Hand hinhält

....

So spricht der Herr:
„Auch jetzt noch könnt ihr zu mir zurückkommen!
Tut es von ganzem Herzen."
Joel 2,12

SEI HEUTE MEIN LICHT FÜR DIESE WELT

Meine geliebte Tochter,

ich bin in deine Dunkelheit hineingekommen, damit du für mich leuchtest. Wusstest du, dass ich dir die Vollmacht gegeben habe, das Leben all der Menschen, denen du begegnest, mit Licht zu erfüllen? Du bist mein Licht für diese Welt. Darum gehe mit mir, und erlaube mir, dein Leben heute mit meiner Liebe und meiner Macht zu erleuchten. Schaue auf mich, dann werde ich dafür sorgen, dass du heute das Leben eines anderen Menschen erhellst, der noch im Dunkeln lebt. Verstecke dein Licht nicht hinter deiner Unsicherheit und deinen Fragen. Verbringe mehr Zeit mit mir, dann werde ich dafür sorgen, dass meine Liebe mit solcher Kraft aus dir herausstrahlt, dass ihr niemand widerstehen kann. Wenn du es zulässt, mache ich dich zu meinem leuchtenden Stern, der

anderen den Weg in den Himmel weist und den Traurigen Hoffnung schenkt.

In Liebe
Dein himmlischer Vater, der das Licht des Lebens ist

....

Was Gott in eurem Leben getan hat, sollte von allen Menschen so erkannt werden können, wie man schon von ferne eine Stadt wahrnimmt, die auf einem Hügel liegt. Eine Lampe stellt man mit Sicherheit nicht unter einen Eimer, sondern an einen Platz, von dem alle im Raum das meiste haben … Habt kein Problem damit, andere in euer Leben hineinschauen zu lassen. Nur so können sie an eurem Verhalten etwas von Gott entdecken, das sie begeistert.

Matthäus 5,14–16 (Willkommen daheim)

LAUFE SO, DASS DU DEN SIEGESPREIS BEKOMMST

Meine geliebte Tochter,

du wurdest erschaffen, um deinen Lauf erfolgreich zu beenden. Ich weiß, wie müde du oft bist, weil du dich so sehr bemühst, immer das Richtige zu tun und zu sagen. Doch du musst diese Bürde gar nicht tragen, denn ich habe sie dir nicht auferlegt. Die Menschen in deinem Umfeld beurteilen dich vielleicht nach dem, was sie sehen und hören, aber ich schaue in dein Herz. Ich sehe, wie sehr du dich bemühst, einerseits mir zu gefallen und es andererseits aber auch deinen Mitmenschen recht zu machen. Wenn du diesen Langstreckenlauf gewinnen willst, musst du das Bedürfnis ablegen, die Anerkennung deiner Mitmenschen zu erlangen. Nur eines ist wichtig: meinen Willen zu erkennen und zu tun. Mach dir dein Leben doch einfacher, und lass alle die Dinge los, die dich so sehr belasten. Du wirst feststellen, dass meine Gnade deine Schritte beflügelt, und weil ich dir meine Gunst schenke, wird dein Leben auf andere anziehend

wirken. Auch wenn du stolperst und fällst: Ich bin an deiner Seite, um dir wieder aufzuhelfen – jedes Mal, wenn es nötig ist. Strebe jeden Tag voller Leidenschaft danach, das Rennen deines Lebens in enger Verbindung mit mir zu laufen, dann werde ich dich über die Ziellinie deines Glaubens tragen. Gemeinsam werden wir gewinnen!

In Liebe

Dein himmlischer Vater, der für dich gesiegt hat

....

Ihr wisst doch, dass bei einem Wettkampf in einem Stadion zwar alle laufen und das Letzte geben, aber nur einer den Siegespreis erhält. Also strengt euch an und lauft, damit ihr ihn bekommt!

1. Korinther 9,24 (Willkommen daheim)

ICH BIN DER WEG

Meine geliebte Tochter,

je länger du lebst, desto deutlicher wirst du erkennen, dass ich der einzige Weg bin, der zu einem erfüllten, sinnvollen Leben führt. Ich bin derjenige, der einen Weg bahnt, wo kein Weg zu sein scheint. Ich bin derjenige, der dir deine Schuld nimmt und immer wieder einen Neuanfang schenkt. Auch wenn du gerne Zeit mit netten Menschen verbringst oder Dinge sammelst oder Ziele erreichst, solltest du nicht vergessen, dass diese Dinge keinen bleibenden Wert haben. Die Trophäen dieser Welt glänzen für eine gewisse Zeit, aber eines Tages werden sie zu Staub zerfallen. Ich bin derjenige, der dir die Kraft gibt, die du brauchst, und deinem Leben einen Sinn verleiht. Ich verspreche dir, meine geliebte

Tochter: Suche mich und du wirst das Geheimnis des ewigen Lebens entdecken.

In Liebe

Dein himmlischer Vater, der einen Weg für dich bahnt

....

Ich bin der Herr, dein Gott, der dich lehrt, was dir nützt, und dir den Weg zeigt, den du gehen sollst.

Jesaja 48,17 (Neues Leben)

SCHAUE AUF DAS, WAS WIRKLICH WICHTIG IST

Meine geliebte Tochter,

ich möchte dir so vieles zeigen. Ich weiß, dass du die Probleme und das Elend dieser Welt siehst, und manchmal überwältigt dich das. Darum komm zu mir und ich werde dich auf den Berggipfel führen. Ich werde deine geistlichen Augen öffnen, damit du erkennst, was im Licht der Ewigkeit wirklich wichtig ist. Richte deinen Blick immer auf mich und mein Wort, dann wirst du meine Hand in allem erkennen, was dir begegnet. Denke daran, meine geliebte Tochter, dass die Augen deiner Mitmenschen auf dir ruhen. Darum zeige ihnen, wer ich bin, indem du deinen Blick fest auf mich und meinen ewigen Plan für die Menschheit richtest.

In Liebe

Dein himmlischer Vater, der dir die Augen öffnet

Achtet darauf, dass ihr nicht auf das schaut, was sich in den Vordergrund drängt und uns Not und Schmerzen bereitet, sondern schaut auf das, was wir nicht sehen können. Was uns in dieser Welt zustößt, dauert immer nur eine bestimmte Zeit. Die Herrlichkeit, die uns dagegen erwartet, wird in Ewigkeit nicht enden.

2. Korinther 4,18 (Willkommen daheim)

HÖRE AUF MEINE STIMME

Meine geliebte Tochter,

ich bin immer für dich da. Ich bin nie zu beschäftigt, um mit dir zu reden. Wenn du die Dinge, die meine Worte zu übertönen versuchen, zum Schweigen bringst, wirst du anfangen, mein leises Reden zu vernehmen. Wenn du nicht weißt, wohin du gehen sollst, wirst du hören, wie ich selbst dir den Weg weise. Wenn du einen Freund brauchst, wirst du hören, wie ich dir zuflüstere: „Ich bin da." Wenn du Trost brauchst, wirst du hören, wie ich dir zurufe: „Komm zu mir." Lass dich von deiner Aufregung und Unsicherheit nicht daran hindern, meine leise, sanfte Stimme zu hören. Komm innerlich zur Ruhe, und mach dir bewusst, dass ich dein himmlischer Vater bin und dass du meine geliebte Tochter bist. Du machst mich sehr glücklich, wenn du auf mein Reden hörst.

In Liebe

Dein himmlischer Vater, der vom Himmel her mit dir spricht

Meine Schafe kennen meine Stimme.
Ich kenne sie und sie folgen mir.

Johannes 10,27 (Willkommen daheim)

DEINE GEBETE KÖNNEN BERGE VERSETZEN

Meine geliebte Tochter,

ich habe dir meinen Heiligen Geist gegeben, und so hast du die Kraft, einen Berg in Bewegung zu versetzen, der einem anderen im Weg steht. Wenn du dir die Zeit nimmst, im Gebet mit mir zu sprechen, werde ich etwas im Leben der Menschen verändern, über die du mit mir sprichst. Ich bin dein himmlischer Vater, der deine Gebete hört. Ich habe dir als meiner Königstochter die Vollmacht gegeben, jederzeit zu mir zu kommen, dem Gott des Universums, damit ich für dich eintrete! Du musst dich gar nicht immer damit abmühen, anderen aus eigener Kraft zu helfen oder selbst ihre Probleme zu lösen. Ich bin derjenige, der einen Weg bahnen kann, wo es keinen Weg zu geben scheint. Darum unterschätze die Macht deiner Gebete nicht, nur weil deine Augen

mich nicht sehen können. Wende dich voller Vertrauen an mich – du darfst sicher sein, dass ich eingreifen werde.

In Liebe
Dein König, der Wunder für dich tut

. . . .

Ganz gleich, worum ihr in meinem Namen bitten werdet, ich werde es tun, denn dadurch wird die Herrlichkeit des Vaters im Sohn aufleuchten. Ich sage es bewusst noch einmal: Worum auch immer ihr in meinem Namen bittet, das werde ich tun.
Johannes 14,13–14 (Willkommen daheim)

TRIUMPHIERE INMITTEN VON SCHWIERIGKEITEN

Meine geliebte Tochter,

ich sehe dich, wenn du dich im Garten des Kummers aufhältst. Ich höre deinen Hilfeschrei in den dunklen Stunden der Nacht. Ich selbst habe auch in der Nacht, in der ich verraten wurde, im Garten Gethsemane geweint. In meiner Not habe ich meinen Vater um einen anderen Weg gebeten – einen weniger schmerzhaften Weg. Dennoch habe ich seinem Plan für mein Leben vertraut und wusste, dass das Kreuz letztendlich den Sieg bedeuten würde. Ebenso wie Oliven zerdrückt werden müssen, damit man Öl aus ihnen machen kann, habe ich mein Leben als Liebesopfer für dich hingegeben. Zweifle nie daran, dass ich bei dir bin und mich danach sehne, dich zu trösten und dir Frieden zu schenken. Selbst wenn du mich von deinem gegenwärtigen Standort aus nicht sehen kannst, bin ich hinter den Kulissen für dich am Werk. Vertraue mir deine schier erdrückenden Umstände an und wende dich im Gebet an mich. Wenn es

Zeit ist, den Garten zu verlassen, werde ich mit dir durch das finstere Tal und direkt zum Kreuz gehen – dorthin, wo deine Schwierigkeiten in Triumphe verwandelt werden.

In Liebe
Dein Retter, der für dich gesiegt hat

....

Wenn euer Glaube auf seine Echtheit hin geprüft wird,
wächst in euch die Fähigkeit, geduldig immer mehr zu ertragen.
Erst die Geduld bringt alles, was ihr tut, in seine endgültige
Form, damit ihr am Ende in allem vollendet seid und
es euch an nichts mehr mangelt.

Jakobus 1,3–4 (Willkommen daheim)

ACHTE DEINEN KÖRPER

Meine geliebte Tochter,

dein Körper ist ein persönliches Geschenk von mir, und du bist zu wertvoll, um den falschen Menschen und falschen Dingen zu erlauben, dieses Geschenk zu öffnen. In meinen Augen bist du ein wertvoller Schatz und mein Geist wohnt in dir. Ich weiß, dass in deinem Innern ein Kampf tobt – ein Kampf gegen alles, was du als wahr und richtig erkannt hast. Denke daran, dass ich diesen Kampf für dich ausfechten kann. Darum setze meinen wunderbaren Plan für dein Leben nicht für einen Augenblick der Schwäche aufs Spiel. Ich weiß, dass es dir vielleicht so vorkommt, als wäre es nicht weiter schlimm, wenn du dich irgendwelchen schädlichen Vergnügungen hingibst. Aber sie sind einfach den hohen Preis nicht wert, den sie dich kosten. Handle nicht so wie die

Menschen in dieser Welt, denen nichts an ihrer Seele liegt. Vertrau dich mir an, und ich werde dir die Liebe schenken, nach der du dich so sehr sehnst.

In Liebe
Dein himmlischer Vater, der dich reinigt

....

Reinige mich von meiner Schuld, dann bin ich wirklich rein;
wasche meine Sünde ab, und mein Gewissen
ist wieder weiß wie Schnee!
Psalm 51,7

DIR IST FÜR IMMER VERGEBEN

Meine geliebte Tochter,

ich habe bereitwillig mein Leben hier auf dieser Erde geopfert und bin für dich gestorben. Ich, dein König, bin ans Kreuz gegangen, damit deine Sünden vergeben wurden und du eine Krone erhalten konntest. Und zwar nicht irgendeine Krone, sondern die Krone des ewigen Lebens. Wenn du das Geschenk der Vergebung nicht annehmen willst, weil du glaubst, dass du zu viel vermasselt hast, dann gibst du mir damit gewissermaßen zu verstehen, dass mein Tod nicht genügt, um deine Schuld zu begleichen. Bitte lass deine Schuld los, und vergib dir selbst und denen, die dich wiederum verletzt haben. Zu gegebener Zeit werde ich diejenigen bestrafen, die dich verletzt haben, wenn sie ihre Schuld nicht bereuen und in Zukunft nicht das Richtige tun. Doch du bist frei, denn dir ist vergeben. Sobald du mir deine Schuld

bekannt hast, werfe ich sie ins Meer und werde nicht mehr daran denken. Ich werde sie nie mehr anschauen oder sie dir vorhalten. Darum lass los und lebe ein frohes, erfülltes Leben, meine geliebte Tochter.

In Liebe
Dein König Jesus

. . . .

Du, Herr, bist gut und zum Vergeben bereit, unermesslich ist deine Gnade für alle, die zu dir beten.
Psalm 86,5

DU WIRST EINE GROSSE BELOHNUNG ERHALTEN

Meine geliebte Tochter,

ich sehe dich auch dann, wenn niemand sonst es tut. Ich sehe, dass du anderen in ihrer Not beistehst, wenn niemand sonst zuschaut. Ich weiß, wenn du großzügig gibst, auch wenn niemand sonst es sieht. Dein Name wird vielleicht niemals auf irgendeiner Gedenktafel stehen, aber ich sehe, was du tust. Ich weiß, dass du dich danach sehnst, für das, was du bist, und all das, was du tust, geschätzt zu werden. Aber gib nicht auf. Ich werde dir eine Belohnung geben, die schöner ist als alles, was du jemals kaufen kannst, und die dich froher machen wird als alles Lob, das Menschen dir aussprechen könnten. Ich freue mich so sehr darauf, im Himmel all das zu feiern, was du getan hast, damit mein Reich gebaut wird. Deine Hingabe und all das Gute, das du getan hast, bedeuten mir so viel. Bis dieser große Tag kommt – an dem ich dich und deine guten Werke vor den Augen der ganzen Welt auszeichnen werde –, will ich dir hier auf Erden

einen Vorgeschmack auf diese Segnungen geben. Danke für deine Treue, meine geliebte Tochter. Vergiss nicht: Das Beste kommt erst noch!

In Liebe
Dein himmlischer Vater, der dich belohnt

....

Siehe, ich komme bald, und ich bringe den Lohn mit, um jedem das zu geben, was er verdient hat.
Offenbarung 22,12 (Willkommen daheim)

FOLGE MIR NACH

Meine geliebte Tochter,

wenn du auf meinen Wegen unterwegs bist, klingen deine Schritte so schön in meinen Ohren. Ich bin der Weg, die Wahrheit und das Leben, und ich habe dir Füße gegeben, damit du mit mir durch dieses Leben gehen kannst. Mose hat mein Volk aus der Sklaverei in die Freiheit geführt, und ebenso wirst auch du, wenn du mit mir gehst, immer wieder spüren, wie ich Dinge in deinem Leben zum Guten wende. Wenn du dich meiner Führung anvertraust, wirst du meine Nähe spüren, während wir miteinander in dieselbe Richtung gehen. Ich will, dass deine Füße auf dem schmalen Weg bleiben, und ich werde dich salben, damit du deinen Mitmenschen meine lebenspendende Botschaft bringst. Du wirst den Mut haben, ihnen zu sagen, dass ich, der lebendige Gott,

alle rette, die mich kennenlernen wollen. Halte meine Hand fest, meine geliebte Tochter, denn du trägst meine lebensverändernde Wahrheit in deinem Herzen.

In Liebe
Dein König und Befreier

....

Wie schön klingen die Schritte dessen auf den Bergen, der eine gute Botschaft von Freude und Frieden und Rettung bringt, der zu Zion sagt: „Dein Gott ist König!"
Jesaja 52,7 (Neues Leben)

DU BIST EINE WAHRE SCHÖNHEIT

Meine geliebte Tochter,

du bist wunderschön, denn du bist ein Meisterwerk, von mir in Liebe geschaffen. Ich habe dir schöne Lippen gegeben, die dazu bestimmt sind, Worte des Lebens zu sprechen, schöne Augen, die dazu bestimmt sind, mich in allem zu sehen, schöne Hände, die dazu bestimmt sind, denen zu helfen, die in Not sind, und ein schönes Gesicht, das dazu bestimmt ist, meine Liebe widerzuspiegeln. Ich weiß, dass du dich selbst nicht so siehst, wie ich dich sehe, weil du dich mit irgendwelchen Schönheitsidealen vergleichst, die schnell wieder Geschichte sind. Ich werde Wunder in deinem Leben wirken, die deine innere Schönheit zutage treten lassen. Wenn mein Werk vollendet ist, wird dein Charakter meine

Kunstfertigkeit widerspiegeln, und deine Schönheit wird all den Menschen, die du liebst, unvergesslich bleiben.

In Liebe
Dein himmlischer Vater, der die Schönheit in Person ist

....

Unsere Töchter werden schön sein wie gemeißelte Statuen, die prächtige Paläste zieren.

Psalm 144,12

ICH BIN BEI DIR IN ZEITEN DER PRÜFUNG

Meine geliebte Tochter,

du brauchst niemals daran zu zweifeln, dass ich immer bei dir bin, egal, was gerade in deinem Leben geschieht. Auch wenn das Feuer heiß zu lodern scheint, werden dich die Flammen nicht verbrennen, solange ich bei dir bin. Ich war bei Schadrach, Meschach und Abed-Nego, als ihr Glaube im Feuerofen auf die Probe gestellt wurde, und ich bin auch jetzt bei dir, bereit, dir Kühlung zuzufächeln und Frieden zu schenken, während wir gemeinsam diese Prüfung durchleben. Du kannst es jetzt vielleicht noch nicht sehen, meine geliebte Tochter, aber eines Tages wirst du wie kostbares Silber sein, das im Feuer gereinigt und in meiner Gegenwart geläutert wurde. Denke daran, dass ich dich nicht dem Feuer ausgesetzt habe, um dich verbrennen zu lassen. Vertraue mir

in deiner Not, dann wirst du sehen, dass ich inmitten der lodernden Flammen Wunder für dich tue.

In Liebe
Dein himmlischer Vater, der dich läutert

....

Er hat mir neue Kraft geschenkt und mich beschützt.
Ich habe ihm vertraut, und er hat mir geholfen.
Jetzt kann ich wieder jubeln! Mit meinem Lied
will ich ihm danken.
Psalm 28,7

FREIHEIT IST EINE ENTSCHEIDUNG

Meine geliebte Tochter,

ich sehne mich danach, dir die Schlüssel zu geben, durch die du dich von den Dingen befreien kannst, die dich in Ketten halten. Ich möchte sehen, wie du endlich das Leben in Fülle führst, das ich dir schenken will. Aber du musst dich auch für die richtige Freiheit entscheiden! Du kannst mich um Hilfe bitten – oder versuchen, dich aus eigener Kraft zu befreien. Ich verspreche dir, meine geliebte Tochter: Ich bin der Einzige, der dir die lebenspendenden Schlüssel geben kann, die du brauchst und haben möchtest. Diese Schlüssel sind in meinem Wort verborgen. Du eignest sie dir durch dein Gebet an, und sie werden wirksam durch meinen Heiligen Geist, der in dir wohnt. Wähle aus, welchen Weg du gehen willst … und entscheide dich für das Leben!

In Liebe

Dein König, der dir wahre Freiheit schenkt

Wenn also der Sohn euch frei macht,
dann seid ihr durch und durch frei.
Johannes 8,36 (Willkommen daheim)

VERTRAUE MIR DIE AN, DIE DU LIEBST

Meine geliebte Tochter,

ich weiß, wie es in dir aussieht und wie sehr du deine Familie und deine Freunde liebst. Ich bin dein Schöpfer und der Geber aller guten Gaben. Und daher habe ich dir gewissermaßen auch die Menschen „geschenkt", mit denen du durchs Leben gehst. Aber vergiss trotzdem nicht, dass sie nicht dir gehören, sondern mir. So war es ja damals auch bei Abraham und seinem Sohn Isaak. Öffne mir dein Herz, und vertraue mir die Menschen an, die ich dir zur Seite gestellt habe. Sprich mit mir über alles, was deine Lieben betrifft. Ich verspreche dir, dass ich immer mit dir bin – und mit den Menschen, die du liebst –, egal, was das Leben dir – und ihnen – auch bringt.

In Liebe

Dein vertrauenswürdiger König

Wer dem Herrn vertraut, ist wie der Berg Zion;
er steht fest und unerschütterlich.

Psalm 125,1

ICH WERDE DIR DIE VERLORENE ZEIT ERSTATTEN

Meine geliebte Tochter,

ich weiß, dass du manchmal voller Kummer und Reue auf dein Leben zurückblickst – du hast so viel Zeit mit Dingen verschwendet, von denen du heute weißt, dass sie nicht wichtig sind. Aber verlier nicht den Mut, mein geliebtes Kind. Ich bin dein Erlöser und heute ist ein neuer Tag. Ich will dir Zukunft und neue Hoffnung schenken. Ich habe die Schwierigkeiten in Josefs Leben benutzt, um ihn zu segnen und ihm eine einflussreiche Führungsposition zu ermöglichen, und ebenso habe ich auch dich für besondere Aufgaben berufen. Ich werde deine Vergangenheit gebrauchen, um deinen Charakter zu formen und dich mit allem auszurüsten, was du hier und jetzt brauchst. Ich möchte, dass dich die Erfahrungen deiner Vergangenheit nicht quälen, sondern dass du aus ihnen lernst. Denke daran, meine geliebte Tochter: Ich werde das, was andere getan haben, um dir zu schaden, zum Guten wenden. Ich werde dir zurückerstatten,

was du verloren hast, und dich auf den Weg bringen, der zum ewigen Leben führt.

In Liebe

Dein König, der dich erlöst

....

Denn ich allein weiß, was ich mit euch vorhabe: Ich, der Herr, werde euch Frieden schenken und euch aus dem Leid befreien. Ich gebe euch wieder Zukunft und Hoffnung.

Jeremia 29,11

KÄMPFE FÜR DAS, WAS WIRKLICH WICHTIG IST

Meine geliebte Tochter,

du kannst jeden Tag gegen irgendetwas oder irgendjemanden kämpfen, wenn du willst. Ich möchte aber, dass du in dieser Hinsicht weise Entscheidungen triffst und für die Dinge kämpfst, für die es sich zu kämpfen lohnt. Es gibt so viele Dinge, die sich dir in den Weg stellen, und es gibt so viele lohnenswerte Kämpfe. Aber der Feind deiner Seele will dich dazu verleiten, für die falschen Dinge zu kämpfen, um dich von deinem eigentlichen Auftrag abzulenken. Vergiss nicht: Du kämpfst nicht gegen Menschen, sondern gegen die Mächte der Finsternis, gegen die bösen Geister der unsichtbaren Welt. Wenn du merkst, dass du wieder einmal mitten in einem Kampf steckst, brauchst du keine Angst zu haben. Rufe nach mir, und erlaube mir, dir zu helfen. Ich werde dir zur rechten Zeit den Sieg schenken und dir Gerechtigkeit widerfahren lassen. Also verschwende deine Zeit nicht damit, dich in die falschen Kämpfe zu stürzen. Und vergiss

niemals, wo dein geistlicher Kampf ausgefochten – und gewonnen – wird: auf deinen Knien!

In Liebe

Dein König, der für dich gekämpft und gesiegt hat

········

Der Herr, euer Gott, zieht mit euch in die Schlacht!
Er kämpft auf eurer Seite und gibt euch
den Sieg über eure Feinde!

5. Mose 20,4

ICH HABE DIR EIN WERTVOLLES GESCHENK GEMACHT

Meine geliebte Tochter,

ich habe dir ewiges Leben geschenkt – aber das ist längst noch nicht alles. In deinem Innern liegt eine himmlische Überraschung verborgen – ein Geschenk, das darauf wartet, ausgepackt zu werden … und zwar *von dir.*

Ja, es ist da. Es verbirgt sich hinter den Träumen, die darauf warten, dass du ihnen folgst. Es wird erstickt von den Ablenkungen und Enttäuschungen des täglichen Lebens.

Lass mich dir helfen, den Müll aus deinem Leben hinauszuwerfen und dein Geschenk zu entdecken. Du wirst es in dem Bereich deines Lebens finden, der dir die größte Freude bereitet, an jenem Ort, nach dem sich deine Seele sehnt, in jener Aufgabe, die deine Hände voller Begeisterung tun.

Aber dieses Geschenk, das ich dir gemacht habe, ist nicht nur für dich gedacht. Ich habe dich gesegnet, damit du ein Segen für andere sein kannst. Wenn du dein Geschenk gefunden hast und es einsetzt, werde ich mehr daraus machen,

als du dir je vorstellen kannst. Wenn du mich darum bittest, helfe ich dir, dein Geschenk zu öffnen, damit du es an deine Mitmenschen weitergeben kannst – nicht, um sie zu beeindrucken, sondern, um sie zu segnen.

In Liebe

Dein himmlischer Vater, von dem alle guten Gaben kommen

....

Jeder diene den anderen mit der Begabung, die Gott ihm in seiner Gnade geschenkt hat. Erweist euch als Menschen, die mit dem, was Gott ihnen anvertraut hat, gut umzugehen verstehen.

1. Petrus 4,10 (Willkommen daheim)

DEIN LEBEN IST EINE SYMPHONIE

Meine geliebte Tochter,

du bist für mich wie ein wunderschönes Lied. Dein Leben ist eine wohlklingende Symphonie, die ich selbst Ton für Ton komponiere. Ich nehme deine Misserfolge, deine Tränen und deine Triumphe und verwandle sie in eine großartige Harmonie, die im Himmel für alle Ewigkeit gesungen werden wird. Alle deine Gedanken und Handlungen stehen mir vor Augen wie Noten auf einem Blatt Papier. Jede Entscheidung, die du triffst, ist ein wichtiger Akkord in einer ewigen Komposition. Lass nicht zu, dass der Lärm der Welt deine wunderbare Melodie übertönt. Suche mich in der Stille des Morgens, dann werde ich dein Herz mit göttlicher Musik erfüllen. Bleibe den Tag über im Gleichklang mit meinem Heiligen Geist, dann werde ich dein Leben zu einem unwiderstehlichen Musikstück machen, das sich wie ein süßer Duft über das Leben der Menschen legt, die gemeinsam mit dir unterwegs sind. Gib dich mir vollkommen hin – dann wirkt dein Leben so anziehend auf andere, dass

sie sich dir anschließen werden, um mich gemeinsam mit dir zu preisen.

In Liebe

Dein himmlischer Vater, der ein Musikstück aus deinem Leben macht

....

Er gab mir ein neues Lied in meinen Mund,
einen Lobgesang für unseren Gott.
Das werden viele Leute hören, sie werden
den Herrn wieder achten und ihm vertrauen.

Psalm 40,4

ERFÜLLE DEIN HEIM MIT FRIEDEN

Meine geliebte Tochter,

ich weiß, wie schwer es dir manchmal fällt, dich in deinem Zuhause wohlzufühlen, weil du immer noch die *eine* Sache brauchst, damit es wirklich perfekt ist. Ich sehne mich danach, dir schöne Dinge zu schenken, die dein Haus zu einem wunderbaren Heim machen, in dem du dich geborgen fühlst. Aber zuerst, meine geliebte Tochter, musst du mir erlauben, *in dir* solch einen Ort des Friedens und der Geborgenheit zu schaffen. Versuche zu lernen, in mir zu ruhen und auf mich zu warten – dann werde ich dir geben, was wirklich gut und nützlich für dich ist. Ich möchte, dass du aus deinem Zuhause einen Ort machst, der Beziehungen ermöglicht und widerspiegelt, wer du als meine Tochter bist. Denke daran, dass die Menschen, die du liebst, *dich* mehr brauchen als alle materiellen Dinge dieser Welt. Darum schmücke dein Heim mit Freude, fülle es mit zeitlosen Erinnerungen, und mache

es zu einem sicheren Ort, an dem du deine Beziehung zu mir vertiefen kannst.

In Liebe
Dein himmlischer Vater, der dir Geborgenheit schenkt

. . . .

Ich möchte euch ein kostbares Geschenk zurücklassen: meinen Frieden. Es ist ein Friede, wie ihn die Welt nicht kennt. Er ist der Inbegriff der Geborgenheit, auch in Zeiten der Not und des Abschieds. Darum habt keine Angst und verliert nicht den Mut.

Johannes 14,27 (Willkommen daheim)

DU HAST SCHÖNE HÄNDE

Meine geliebte Tochter,

deine Hände sind schön, weil sie von mir gesegnet sind. Ich möchte, dass du sie zum Himmel erhebst und mich preist. Wenn du mich darum bittest, werde ich deine Hände salben, damit sie die Verletzten heilen und den Bedürftigen helfen. Ich habe dir diese Hände gegeben, damit du andere mit meiner Liebe berühren kannst, und wenn du deine Hände gebrauchst, um dabei zu helfen, mein Reich zu bauen, werde ich alles segnen, was du tust. Es ist ein Privileg, über eine solche Macht zu verfügen. Ich kann großartige Dinge durch dich tun, wenn du vertrauensvoll an diesen Verheißungen festhältst. Du darfst gewiss sein: Wenn du deine Hände gebrauchst, um anderen zu helfen, werde ich, dein himmlischer Vater, mit meiner mächtigen Hand in allen Bereichen deines Lebens wirken. Darum setze dich für deine Mitmenschen

ein, und hilf ihnen zu erkennen, dass es mich gibt und dass ich für sie sorgen will. Halte dich an meiner Hand fest, und sei gewiss, dass ich dich niemals loslassen werde.

In Liebe
Dein himmlischer Vater, der deine Hand hält

....

Fürchte dich nicht, denn ich bin bei dir; hab keine Angst, denn ich bin dein Gott! Ich mache dich stark, ich helfe dir, mit meiner siegreichen Hand beschütze ich dich!

Jesaja 41,10

SPRICH MEINE LEBEN SPENDENDEN WORTE

Meine geliebte Tochter,

wusstest du, dass ich deinen Mund mit meinen Worten füllen möchte? Dass ich deine Lippen mit der Vollmacht gesalbt habe, Leben in eine leblose Welt hineinzusprechen? Während andere ihren Mund gebrauchen, um wertlose, vergängliche Worte auszusprechen, besitzt du, meine Königstochter, das Vorrecht, das Leben deiner Mitmenschen durch deine Worte zu verändern und ihnen zu helfen, gute Entscheidungen zu treffen, durch die sie mir nahekommen. Deine Worte sind wertvoller als kostbare Edelsteine. Wenn du jeden Tag Zeit mit mir verbringst, werde ich deine Lippen mit Worten der Liebe, Weisheit und Ermutigung salben und deinen Mund zu meinem persönlichen Sprachrohr machen für alle, die dir zuhören.

In Liebe

Dein himmlischer Vater und Berater

Erinnert euch gegenseitig immer wieder an alles, was Jesus gesagt und getan hat. Belehrt euch mit der Weisheit, die Gottes Geist schenkt, und ermutigt euch gegenseitig, indem ihr Gott in euren Herzen Psalmen und Loblieder singt. Gottes Gnade lässt neue geistliche Lieder unter euch entstehen. Lasst alles, was ihr redet oder tut, im Namen Jesu geschehen, und dankt Gott, unserem Vater, durch ihn.

Kolosser 3,16–17 (Willkommen daheim)

LEBE VOLLER ZUVERSICHT

Meine geliebte Tochter,

ich weiß, dass alle Welt dir ins Ohr flüstert: Wer du bist, richtet sich nach dem, was du besitzt, und was du wert bist, hängt davon ab, wie du aussiehst. Das ist eine Lüge. Die zukünftigen Generationen werden sich nicht deshalb an dich erinnern, weil du viele materielle Dinge angesammelt oder viel Zeit und Energie in dein Aussehen investiert hast. Die Wahrheit ist: Je mehr du versuchst, Besitztümer anzusammeln und dein Äußeres zu vervollkommnen, desto unsicherer wirst du dir in Wirklichkeit darüber sein, was du wert bist und warum du hier bist. Ich bin in dir und du bist in mir. Ich werde dir alles geben, was du brauchst. Geh deinen Lebensweg in dem festen Vertrauen, dass ich dich mit allem ausgerüstet habe, was du brauchst, um das Leben deiner Mitmenschen für immer zu verändern!

In Liebe

Dein himmlischer Vater, der dir Zuversicht schenkt

Denn der Herr ist deine Zuversicht.
Er wird nicht zulassen, dass du in eine Falle gerätst.
Sprüche 3,26 (Neues Leben)

ICH WERDE DICH BESCHÜTZEN

Meine geliebte Tochter,

ich bin dein Beschützer. Oft fragst du dich, wo ich bin, wenn um dich herum ein Sturm tobt. Dann hast du das Gefühl, ich hätte dich im Stich gelassen. Hab keine Angst und halte voller Vertrauen an mir fest! Ich bin da und ich werde dir helfen, die Situation zu überstehen. Ich werde dich beschützen, aber dazu musst du mir vertrauen. Manchmal werde ich dich an einen sicheren Ort führen, an dem du zur Ruhe kommen und dich erholen kannst. Zu anderen Zeiten werde ich dich bitten, gemeinsam mit mir zu kämpfen. Die Wahrheit ist: Ich kann jeden Riesen töten, der dein Leben bedroht, aber deine Aufgabe ist es, wie David, der Hirtenjunge, deine Steine in die Hand zu nehmen und deinem Riesen gegenüberzutreten. Ich liebe es, meine Kraft gerade dann unter Beweis zu stellen, wenn die Situation so bedrohlich ist, dass

es kaum eine Hoffnung zu geben scheint. Ich bin dein Retter und dein Befreier – ich werde dich beschützen, wo immer du auch bist.

In Liebe

Dein himmlischer Vater, der dich beschützt

. . . .

Bei dir bin ich in Sicherheit; du lässt nicht zu,
dass ich vor Angst und Not umkomme.
Ich singe und juble: „Du hast mich befreit!“

Psalm 32,7

GEH KEINE KOMPROMISSE EIN

Meine geliebte Tochter,

ich werde dafür sorgen, dass du auch dann Kraft hast, wenn du dich eigentlich schwach fühlst. Ich weiß sehr gut, dass es viele Dinge gibt, die dir das Leben schwermachen. Ich weiß, dass du oft das Gefühl hast, mit irgendwelchen Ablenkungen und Schwierigkeiten konfrontiert zu werden, die deinen Charakter und deine Überzeugungen auf die Probe stellen. Denke daran: Dieses Leben ist nicht die Generalprobe. Es geht ums Ganze, und deshalb dienen einige dieser Prüfungen dazu, dich Vertrauen zu lehren. Ich bereite dich dadurch schon heute auf dein zukünftiges Leben im Himmel vor. Darum bitte mich im Gebet, dir Kraft zu schenken, und lass dich nie dazu verleiten, den Versuchungen nachzugeben oder Kompromisse einzugehen. Diese Dinge sind wie Treibsand, der dich daran hindert weiterzukommen. Vertraue auf mich und darauf, dass ich dir Kraft schenke, dann verspreche ich dir, dass du es auch schaffen wirst. Wenn der Gegenwind des Feindes die Flamme deines Glaubens auslöschen

oder dich zu Zugeständnissen verleiten will, dann halte dich an meinen Verheißungen fest. Ich bin der feste Felsen, und weil meine Kraft unerschöpflich ist, bist du allem gewachsen.

In Liebe

Dein himmlischer Vater, der dir Halt und Kraft schenkt

....

Was eurem Glauben bisher an Prüfungen zugemutet wurde, überstieg nicht eure Kraft. Gott steht zu euch. Er lässt nicht zu, dass die Versuchung größer ist, als ihr es ertragen könnt. Wenn euer Glaube auf die Probe gestellt wird, schafft Gott auch die Möglichkeit, sie zu bestehen.

1. Korinther 10,13

BLÜHE DORT, WO DU EINGEPFLANZT BIST

Meine geliebte Tochter,

ich weiß, dass du dich manchmal fragst, ob dein Leben wirklich bedeutungsvoll ist. Aber ich versichere dir, dass du etwas im Leben deiner Mitmenschen bewegen kannst, wenn du dich von mir gebrauchen lässt. Ebenso, wie ich damals Paulus gebrauchen konnte, selbst als er im Gefängnis war, werde ich auch dich gebrauchen, wo und in welcher Situation du dich auch immer befinden magst. Wenn du mir erlaubst, dich mit meinem heiligen Wort zu „tränken", wirst du zu blühen beginnen, wo immer du eingepflanzt bist. Komme im Gebet zu mir und lass dich von mir mit der Kraft meines Heiligen Geistes füllen. Vielleicht kannst du die Frucht deiner Bemühungen jetzt noch nicht sehen. Aber ich verspreche dir: Wenn sie eines Tages auf ihr Leben zurückblicken, werden deine Mitmenschen daran denken, wie viel Gutes du ihnen getan hast, wie sehr deine weisen Worte ihnen geholfen haben und mit wie viel Liebe du ihnen begegnet bist.

Darum erlaube mir, dir dabei zu helfen, in einer Welt zu blühen, die leidenschaftlich nach dem Sinn ihres Lebens sucht.

In Liebe
Dein himmlischer Vater, der deinen Lebensgarten bewässert

....

Wir dürfen uns darauf verlassen, dass denen, die Gott lieben und die er in seine Nähe berufen hat, alles zum Guten dient.
Römer 8,28 (Willkommen daheim)

WARTE AUF MICH

Meine geliebte Tochter,

warte geduldig auf mich und mein Handeln. Mein Zeitplan ist immer vollkommen. Ich weiß, dass du dir um viele Dinge Sorgen machst, und ich sehe, wie leidenschaftlich du all die Pläne verfolgst, die ich dir ins Herz gelegt habe. Ich weiß, dass du dich danach sehnst zu fliegen, und ich sehe auch deine Begeisterung. Aber ebenso wie ein Weingärtner den Weinstock pflegt und geduldig wartet, bis der Zeitpunkt zur Ernte gekommen ist, bin auch ich unablässig damit beschäftigt, dich darauf vorzubereiten, reiche Frucht zu tragen. Darum eile mir nicht voraus, sondern warte, bis deine Zeit gekommen ist. Sonst besteht die Gefahr, dass deine Kräfte versagen und deine Träume zerplatzen. Vertraue mir. Meine Träume für dich sind viel größer als die, die du selbst für dich hegst. Du wirst weiter laufen und höher fliegen, wenn du geduldig auf den Zeitpunkt wartest, an dem ich meine

Segnungen über dich ausschütte. Bleib ganz nah bei mir, dann verspreche ich dir, dass diese Zeit des Wartens dir den schönsten Lohn eintragen wird.

In Liebe
Dein himmlischer Vater, dessen Zeitplan vollkommen ist

. . . .

Aber alle, die ihre Hoffnung auf den Herrn setzen,
bekommen neue Kraft. Sie sind wie Adler, denen mächtige
Schwingen wachsen. Sie gehen und werden nicht müde,
sie laufen und sind nicht erschöpft.

Jesaja 40,31

ICH WILL DEIN HERZ HEILEN

Meine geliebte Tochter,

verliere nicht den Mut, Leid ist ein Bestandteil dieses irdischen Lebens. Aber ich verspreche dir: Ich werde jede Träne, die du geweint hast, in Freude verwandeln und das Leid, das du erfährst, für meine göttlichen Ziele gebrauchen. Versuche nicht, deine Schmerzen vor mir zu verbergen. Ich weiß alles über dich und liebe dich trotzdem. Du bist doch mein geliebtes Kind! Ich bin der Einzige, der dein Herz wieder heil machen kann. Auch ich habe tiefes Leid, Ablehnung und Zorn erfahren, als ich als Mensch auf der Erde gelebt habe. Aber gemeinsam können wir jede Herausforderung bewältigen. Ich werde dich an die Hand nehmen und dich nach dem Sturm an einen Ort führen, wo du meinen Frieden und meine Freude erfährst. Die Sonne wird wieder für dich scheinen und dein Herz wird geheilt werden. Ich verspreche dir, dass ich bei dir sein werde, wenn du durch das tiefe Wasser der Not gehen musst. Wenn du Ströme voller Schwierigkeiten durchschreitest, wirst du nicht ertrinken. Und wenn

dir Widerstände wie lodernde Flammen entgegenschlagen, wirst du nicht verbrennen.

In Liebe
Dein König, der dich heilt

....

Aber jetzt sagt der Herr, der euch geschaffen hat,
ihr Nachkommen Jakobs, der euch zu seinem Volk gemacht hat:
„Hab keine Angst, Israel, denn ich habe dich erlöst! Ich habe
dich bei deinem Namen gerufen, du gehörst zu mir. Wenn du
durch tiefes Wasser oder reißende Ströme gehen musst – ich bin
bei dir, du wirst nicht ertrinken. Und wenn du ins Feuer gerätst,
bleibst du unversehrt. Keine Flamme wird dich verbrennen."

Jesaja 43,1–2

SEI MUTIG UND STARK

Meine geliebte Tochter,

du brauchst dich niemals davor zu fürchten, das Richtige zu tun, mein Kind. Ich werde immer vor dir hergehen und dir den Weg bereiten. Ich habe Daniel vor den Löwen gerettet und David aus der Hand seiner Feinde befreit. Vertraust du darauf, dass ich stark genug bin, um mit jeder Situation zurechtzukommen? Ich will jederzeit nur dein Bestes. Verlier nicht den Mut, sondern lass dich von meiner Kraft erfüllen, wenn deine nicht reicht. Trete jeder Herausforderung mit dem Schwert des Geistes, dem Gürtel der Wahrheit, dem Panzer der Gerechtigkeit und dem Schild des Glaubens entgegen. Du brauchst niemals die Flucht zu ergreifen – ich werde dir Kraft schenken und dich beschützen. Halte einfach stand und bete, und du wirst sehen, dass dein Mut andere ansteckt.

In Liebe

Dein himmlischer Vater, der dich ermutigt

Seid mutig und stark! Habt keine Angst, und lasst euch nicht von ihnen einschüchtern! Der Herr, euer Gott, geht mit euch. Er hält immer zu euch und lässt euch nicht im Stich!

5. Mose 31,6

ICH BIN GEKOMMEN, UM DIR ZU DIENEN

Meine geliebte Tochter,

manchmal hast du das Gefühl, nicht wertgeschätzt zu werden. Lass dich in solchen Situationen daran erinnern, dass ich – dein König – gekommen bin, um dir zu dienen. Ich habe dich nicht nur geschaffen, meine Prinzessin – ich erhalte dich auch am Leben, ich schenke dir Trost und Zuversicht und gebe dir alles, was du brauchst. Du bist so wertvoll, dass ich einen unvorstellbar hohen Preis bezahlt habe, um dich zu retten: Ich bin am Kreuz für dich gestorben. Ich kann jeden Misserfolg und jeden Fehler, der dir unterlaufen ist, zu meiner Ehre gebrauchen. Ich bin geduldig, freundlich und barmherzig – ich bin die Liebe in Person. Darum bitte ich dich nun, da all deine Schuld vergeben ist: Lass dich von mir von dem Menschen, der du warst, in die Person

verwandeln, als die ich dich erschaffen habe. Ich bin dein Herr, der dich immer und unter allen Umständen liebt.

In Liebe

Dein König, der für dich auf diese Welt gekommen ist

....

Auch der Menschensohn ist nicht gekommen,
um sich bedienen zu lassen. Er kam, um zu dienen und
sein Leben hinzugeben, damit viele Menschen
aus der Gewalt des Bösen befreit werden.

Matthäus 20,28

GEHE DEN WEG, DER ZUM LEBEN FÜHRT

Meine geliebte Tochter,

du wirst immer zwei Wege vor dir sehen: Der beliebte Weg ist der einfachere; die Unebenheiten sind von den Scharen, die ihn bereits beschreiten, plattgetreten worden. Dieser Weg scheint sicher zu sein – einfach deshalb, weil schon so viele Menschen seine Biegungen durchschritten haben und in seine Täler hinabgestiegen sind. Was die meisten jedoch nicht begreifen, ist, dass dieser Weg von Reue und Schuld gesäumt ist und letztlich zum Tod führt. Das ist der Weg, der von mir, deinem himmlischen Vater, wegführt. Wenn du merkst, dass du auf dem falschen Weg bist, verliere nicht den Mut. Rufe einfach nach mir, dann werde ich zu dir kommen. Ich werde dich nicht auf diesem zerstörerischen Umweg lassen, sondern dich zurückführen auf den Weg, der zum Leben führt – den Weg, für den ich dich geschaffen habe. In meinem Wort wirst du Wegweiser finden, die dir Weisheit und Orientierung schenken. Darum lies eifrig darin,

während du auf deinem Weg voranschreitest. Dann wirst du bald die wahre Lebensfreude entdecken, die ich für dich bereithalte.

In Liebe

Dein himmlischer Vater, der der Weg, die Wahrheit und das Leben ist

. . . .

Darum sollt ihr euch genau nach allen Geboten richten,
die ich euch heute gebe. Liebt den Herrn, euren Gott!
Folgt immer seinen Wegen, und haltet ihm die Treue!

5. Mose 11,22

KLEIDE DICH WIE EIN KÖNIGSKIND

Meine geliebte Tochter,

du hast eine königliche Berufung. Deshalb hast du es nicht nötig, dich so zu kleiden wie die Menschen dieser Welt, um dich gut zu fühlen. Vergiss nicht: Was du trägst, hat einen großen Einfluss darauf, wie die Menschen über dich denken. Ich möchte auch, dass du *mich* mit deiner Kleidung ehrst. Du brauchst dich nicht herauszuputzen, um Aufmerksamkeit zu erregen. Ich kann dich schöner machen als jeder Modeschöpfer, weil ich ein Spezialist für innere und äußere Verschönerungen bin. Deine Anmut und Schönheit werden andere verzaubern, weil du mein Wesen ausstrahlst. Denke daran, dass diejenigen, die Kleidungsstücke entwerfen, nur deinen Körper im Sinn haben, aber nicht deine Seele so wie ich. Darum kleide dich heute wie ein Königskind, denn genau das bist du.

In Liebe

Dein König, der dir ewige Schönheit schenkt

Anmut kann täuschen, und Schönheit
vergeht wie der Wind –
doch wenn eine Frau Gott gehorcht,
verdient sie Lob!

Sprüche 31,30

FÜRCHTE DICH NICHT

Meine geliebte Tochter,

bist du in Dunkelheit und Furcht gefangen? Komm zu mir, und sag mir, was dich beunruhigt. Hast du Angst vor der Zukunft? Fürchtest du um deine Gesundheit? Bedrücken dich deine Lebensumstände oder deine finanzielle Situation? Fürchtest du um deine Sicherheit? Weißt du denn nicht, dass ich der allmächtige Schöpfer bin, der alles in seiner Hand hält? Ich verfüge über alle Ressourcen des gesamten Universums. Es gibt nichts, was sich meiner Kenntnis oder meiner Kontrolle entzieht. Ich bin dein Gott, der dich rettet. Ich werde dir nie mehr auferlegen, als du bewältigen kannst. Bitte mich im Glauben um alles, was du brauchst, und tue, was ich dir sage, dann wirst du merken, wie deine Angst schwindet. Ich bin der Herr, dein Gott, und es macht

mir große Freude, für dich zu sorgen, mein Kind. Darum hab keine Angst – ich bin immer bei dir.

In Liebe

Dein König, der dich ermutigt und trägt

....

Der Herr ist mein Licht, er rettet mich.
Vor wem sollte ich mich noch fürchten?
Bei ihm bin ich geborgen wie in einer Burg.
Vor wem sollte ich noch zittern und zagen?

Psalm 27,1

LEBE IN DER WAHRHEIT

Meine geliebte Tochter,

denke einmal zurück an den Tag, an dem unsere Beziehung begann. Weißt du noch, wie du mich gebeten hast, dein Herr und König zu sein? Ich weiß es noch genau, denn das war der Moment, als ich deinen Namen in mein Buch des Lebens geschrieben habe. Genau zu diesem Zeitpunkt hat unsere Liebesbeziehung begonnen und alle Engel im Himmel haben darüber gejubelt.

Unsere Beziehung kann durch nichts und niemanden zerstört werden. Einst warst du verloren, aber dann habe ich dich gefunden, und mein Geist lebt in dir – du gehörst zu mir! Ich will nicht, dass du dich von der verrückten Betriebsamkeit, die in der Welt herrscht, davon ablenken lässt, Gemeinschaft mit mir zu haben. Darum lebe in der Wahrheit – halte an ihr fest, lies in meinem Wort, bete meine Verheißungen, und gehe deinen Weg in der wunderbaren

Gewissheit, dass du meine geliebte Tochter bist, meine Auserwählte.

In Liebe
Dein himmlischer Vater, der die Wahrheit ist

....

Zu den Juden, die nun an ihn glaubten, sagte Jesus: „Wenn ihr an meinen Worten festhaltet und das tut, was ich euch gesagt habe, dann gehört ihr wirklich zu mir. Ihr werdet die Wahrheit erkennen, und die Wahrheit wird euch befreien!“

Johannes 8,31–32

ICH SCHENKE DIR FRIEDEN

Meine geliebte Tochter,

ich sehne mich danach, deiner Seele Ruhe und deinem Herzen Frieden zu schenken. Ich weiß, dass es manchmal so aussieht, als könntest du in diesem Leben keinen Frieden finden, weil ein Problem das andere jagt. Es ist wahr, dass diese Welt voller Hass, Neid und anderer belastender Dinge ist. Darum erwarte nicht, dass Menschen dir bleibenden Frieden schenken können oder dass dein Leben jemals frei von Problemen ist. Der Friede, den diese Welt anzubieten versucht, gründet sich auf falsche Hoffnungen und von Menschen geschaffene Götzen, die letztlich nicht Bestand haben. Der Frieden, den ich dir schenke, ist stärker als jede Notlage oder Herausforderung, mit der du konfrontiert wirst, denn er ist übernatürlich. Darum vertrau dich vollkommen meiner liebevollen Fürsorge an, und lass all die Dinge los, die du ohnehin nicht kontrollieren kannst. Dann wirst du wahren Frieden finden. Ich bin dein Zufluchtsort in all dem chaotischen Durcheinander, das dich umgibt – bei mir findest

du Frieden. Doch bleib nicht dabei stehen: Lass andere teilhaben an dem Frieden, den ich dir so großzügig schenke.

In Liebe

Dein himmlischer Vater, der dir vollkommenen Frieden schenkt

....

Ich möchte euch ein kostbares Geschenk zurücklassen: meinen Frieden. Es ist ein Friede, wie ihn die Welt nicht kennt. Er ist der Inbegriff der Geborgenheit, auch in Zeiten der Not und des Abschieds. Darum habt keine Angst und verliert nicht den Mut.

Johannes 14,27 (Willkommen daheim)

KOMM ZU MIR

Meine geliebte Tochter,

ich habe dich schon gesehen, bevor du geboren wurdest. Schon damals habe ich an dich gedacht, meine Tochter. Ich wusste, dass du eines Tages zu mir kommen würdest, und ich habe alles getan, um dich einzuladen und dir meine Liebe zu beweisen. Suche auch jetzt weiterhin meine Nähe. Komm zu mir, wenn du dich stark fühlst, und komm auch dann, wenn du müde bist. Komm zu mir, wenn du dich freust, und auch dann, wenn du bedrückt bist. Ich bitte dich nicht nur deshalb, meine Nähe zu suchen, weil ich dir Ruhe schenken möchte, sondern auch, weil ich dich noch so vieles lehren will. Ich möchte dir noch mehr von mir offenbaren. Ich habe dich nicht für diese gefallene Welt geschaffen, mein Kind. Ich habe dich dafür geschaffen, mit mir in der Ewigkeit zu leben, aber der Fluch der Sünde hat uns voneinander getrennt. Durch den Tod meines Sohnes habe ich

die Sünde und den Tod für dich besiegt – darum komm zu mir … und lebe!

In Liebe
Dein himmlischer Vater, der auf dich wartet

……..

Dann sagte Jesus: „Kommt alle her zu mir, die ihr müde seid und schwere Lasten tragt, ich will euch Ruhe schenken. Nehmt mein Joch auf euch. Ich will euch lehren, denn ich bin demütig und freundlich, und eure Seele wird bei mir zur Ruhe kommen."

Matthäus 11,28–29 (Neues Leben)

IM HIMMEL WARTEN GROSSE SCHÄTZE AUF DICH

Meine geliebte Tochter,

ich freue mich so sehr darauf, dich im Himmel mit wunderbaren Schätzen zu beschenken. Ich werde schnell und unerwartet zurückkehren, und wenn es so weit ist, werde ich dir deinen verdienten Lohn mitbringen. Ich liebe es, dich hier auf der Erde zu segnen, aber du kannst dir keine Vorstellung davon machen, welche wunderbaren, niemals endenden Freuden und Segnungen im Himmel auf dich warten. Nutze die Zeit gut, die du hier auf dieser Erde verbringst, meine geliebte Tochter, denn alles, was du heute tust, bringt Frucht für die Ewigkeit. Ebenso, wie ein Stein, der ins Wasser geworfen wird, weite Kreise zieht, reichen die Auswirkungen des treuen Dienstes, den du für mich verrichtest, weit über dieses irdische Leben hinaus. Halte dir vor Augen, dass du dir für kein Geld der Welt die wunderbaren Geschenke kaufen könntest, die du öffnen wirst, wenn du eines

Tages auf der anderen Seite der Ewigkeit für immer mit mir vereint bist.

In Liebe

Dein König, der sich darüber freut, dir Geschenke machen zu können

....

Macht euch bereit! Ich komme schnell und unerwartet und werde jedem den verdienten Lohn geben. Ich bin der Erste und der Letzte, der Anfang und das Ziel, das A und das O.

Offenbarung 22,12–13

DU BIST MEINE WUNDERSCHÖNE BRAUT

Meine geliebte Tochter,

weil du zu mir gehörst, bist du auch meine wunderschöne Braut! Und eines Tages werden wir im Himmel miteinander fröhlich sein. Kein Hochzeitsfest auf dieser Welt reicht auch nur im Entferntesten an das Fest heran, das wir an jenem herrlichen Tag miteinander feiern werden! Jede Braut, die sich auf ihre irdische Hochzeit vorbereitet, tut alles, um an ihrem großen Tag so schön wie möglich zu sein. Ihre Freundinnen geben sich die größte Mühe, sie perfekt zurechtzumachen, bevor sie mit ihrem Bräutigam zusammentrifft. Meine geliebte Prinzessin, ich bin dein himmlischer Bräutigam, und ich habe schon alles für dich vorbereitet. Mach dir keine Sorgen darüber, dass dein Leben nicht perfekt ist. An jenem wunderbaren Hochzeitstag werde ich dich dem gesamten Himmel als meine makellose, wunderschöne Braut präsentieren. Alles, was ich heute von dir verlange, ist, dass dein Herz ganz mir gehört. Lass meine Treue,

Barmherzigkeit und Liebe die sanfte Musik sein, die den Hochzeitssaal erfüllt. Du, meine Braut, wirst an jenem Tag ein wunderbares Gewand tragen, das meine Herrlichkeit widerspiegelt, und der ganze Himmel wird von grenzenloser Freude erfüllt sein.

In Liebe

Dein König, der sehnsüchtig auf dich wartet

....

Lasst uns fröhlich sein und jubeln und ihm allein alle Ehre geben, weil der Hochzeitstag des Lammes gekommen ist. Seine Braut ist schon vorbereitet …

Offenbarung 19,7 (Willkommen daheim)

VERSCHENKE DEINE LIEBE

Meine geliebte Tochter,

ich habe dir die Freiheit geschenkt, andere zu lieben. Darum lass dich von Menschen, die dir Leid zugefügt haben, nicht daran hindern, das Glück der Liebe zu erfahren. Ich weiß, dass es immer ein gewisses Risiko birgt, anderen einen Teil des eigenen Herzens zu schenken, aber ich habe dich dafür erschaffen, das Geschenk von Liebe und Freundschaft zu genießen. Wähle die Menschen, in die du Zeit und Kraft investierst, weise aus, und gestehe denen, die du liebst, das Recht zu, dich auch einmal zu enttäuschen. Denke daran, dass niemand dich mit solcher Vollkommenheit lieben kann wie ich. Wenn du mir erlaubst, die Enttäuschungen, die andere Menschen dir zufügen, an deiner Stelle auf mich zu nehmen, wirst du frei sein, bedingungslos Liebe zu schenken und zu

empfangen. Vergiss nicht, meine Prinzessin: Die meisten Menschen brauchen deine Liebe gerade dann *am meisten*, wenn sie sie *am wenigsten* verdienen.

In Liebe
Dein himmlischer Vater, der die Liebe in Person ist

....

Vor allem aber erweist euch weiterhin gegenseitig Liebe, weil die Liebe eine Menge Sünden zudeckt.
1. Petrus 4,8 (Willkommen daheim)

LEGE DEINE PLÄNE IN MEINE HÄNDE

Meine geliebte Tochter,

ich weiß, dass du bestimmte Vorstellungen davon hast, wie sich die Dinge in deinem Leben entwickeln sollen. Auch für den heutigen Tag hast du einen festen Plan. Weil ich dich liebe, wünsche ich mir, dass du deinen Plan für heute und für all die Tage, die danach noch kommen werden, in meine Hände legst. Wenn du mir deinen Tag anvertraust, kann ich dich mit etwas Besonderem überraschen. Mein Eingreifen wird dir auf deiner Lebensreise mehr Freude schenken als deine eigenen guten Absichten. Ich weiß, wonach dein Herz sich wirklich sehnt, und will mehr für dich tun, als du jemals selbst für dich tun könntest. Darum gib mir die Chance, deinen „gewöhnlichen" Tagesplan zu einem außergewöhnlichen zu machen, denn ich habe dich zu einem außergewöhnlichen Leben berufen.

In Liebe

Dein himmlischer Vater, der wunderbare Pläne für dich hat

Vertraue Gott deine Pläne an,
er wird dir Gelingen schenken.

Sprüche 16,3

MIR IST ALLES MÖGLICH

Meine geliebte Tochter,

ich weiß, wie schwer es dir fällt zu glauben, dass meine Macht dir ganz persönlich zur Verfügung steht. Das Einzige, was dich daran hindern kann, mein Handeln in deinem Leben zu erfahren, bist du selbst, mein geliebtes Kind. Mach dir bewusst, dass ich dieselbe Kraft, mit der ich meinen Sohn Jesus von den Toten auferweckt habe, in dich hineingelegt habe. Lass dich von Enttäuschungen oder Ängsten nicht daran hindern, mich um alles zu bitten, was du brauchst, und halte im Vertrauen daran fest, dass mein Zeitplan perfekt ist. Suche mich von ganzem Herzen, und halte dich an allem fest, was ich zu dir sage, während du auf mein Handeln wartest. Sei gewiss, dass ich mein Wort immer halten und meine Verheißungen erfüllen werde. Auch wenn andere Menschen

dich enttäuschen und fallenlassen – ich helfe dir wieder auf die Beine. Ich werde dich niemals enttäuschen und dir bis in alle Ewigkeit treu sein.

In Liebe

Dein König, der dir für immer treu sein wird

....

Der Herr entgegnete: „Traust du mir das etwa nicht zu? Du wirst bald sehen, ob ich mein Wort halte oder nicht!“

4. Mose 11,23

DU BIST MIT MIR VERBUNDEN

Meine geliebte Tochter,

ich bin der Weinstock – deine geistliche Lebensader – und du bist meine wunderbare Rebe. Du musst nur eines tun: köstliche Früchte hervorbringen, die deine Mitmenschen genießen können. Ich bin in dir und mit dir. Wir sind in Ewigkeit miteinander verbunden. Du wirst dich niemals allein oder verlassen fühlen, solange du die Verbindung zu mir aufrechterhältst. Ich bin für dich da, wo auch immer du bist, und warte nur darauf, dir alles zu geben, was du in jedem Moment deines Lebens brauchst. Ich liebe es, dich mit meiner Kraft zu durchströmen, mein kostbares Kind. Ich werde unsere Beziehung niemals beenden, auch dann nicht, wenn du vor mir davonzulaufen versuchst. Meine liebenden Arme sind immer weit offen, um dich von Neuem willkommen zu heißen. Denke immer daran, dass nichts, was du tust oder

sagst, meine Liebe zu dir jemals zerstören wird. Darum bleibe immer mit dem Weinstock verbunden, meine Liebste.

In Liebe

Dein himmlischer Vater, der in Ewigkeit mit dir verbunden bleibt

....

Ich bin der Weinstock, ihr seid die Reben. Wenn ihr mit mir verbunden seid und ich mit euch, wird euer ganzes Leben viel Frucht bringen. Denn getrennt von mir könnt ihr nicht das Geringste hervorbringen.

Johannes 15,5 (Willkommen daheim)

DU BIST NIE ALLEIN

Meine geliebte Tochter,

du brauchst dich nie an irgendjemandem festzuhalten, weil du Angst hast, allein zu sein. Ich bin mit dir, wo immer du bist. Ich bin der Freund, der bleibt, wenn alle anderen dich im Stich lassen. Ich habe dich dafür geschaffen, tragfähige Beziehungen zu anderen einzugehen, und ich sehe, wie sehr du dich danach sehnst, jemanden zu finden, dem du dich öffnen kannst. Wenn du mich an die erste Stelle in deinem Leben setzt und mit all deinen Nöten und Bedürfnissen als Erstes zu mir kommst, werde ich deine Freunde für dich aussuchen. Und ich werde diese Freundschaften überreichlich segnen. Gib dich nicht mit dem Zweitbesten zufrieden, nur um nicht allein zu sein. Das Wichtigste in deinem Leben ist,

dass du meine ständige Gegenwart spürst und dich von meiner Liebe erfüllen lässt. Dann wirst du für *echte* Beziehungen bereit sein, die ich dir schenke und für dich gestalte.

In Liebe
Dein himmlischer Vater, der dein bester Freund ist

....

Ihr dürft sicher sein: Ich bin immer bei euch,
bis das Ende dieser Welt gekommen ist!
Matthäus 28,20

ICH WILL DEINE GEISTLICHEN AUGEN ÖFFNEN

Meine geliebte Tochter,

komm zu mir, und erlaube mir, deine geistlichen Augen zu öffnen, wie ich es für Elisas Diener getan habe, als er von einer feindlichen Armee umgeben war. Mit seinen geistlichen Augen konnte er sehen, dass eine ganze Schar himmlischer Krieger und feuriger Wagen bereitstand, um ihn zu beschützen. Auch dich habe ich auserwählt, weil ich dich über alles liebe, und ich verspreche dir, dass ich dich beschützen werde, wenn du inmitten deiner täglichen Kämpfe an mir festhältst. Aber vergiss nicht, dass es einen unsichtbaren Feind gibt, der versuchen wird, dich zum Stolpern zu bringen. Darum erlaube mir, für dich Ausschau zu halten, wenn du selbst nichts sehen kannst. Und denke daran: „Du gehörst zu Gott, und der, der in dir lebt, ist größer als alles, was sich in dieser Welt als mächtig aufspielt" (1. Johannes 4,4; Willkommen daheim). *Ich* bin der, der in dir lebt. *Ich* bin der, der für dich kämpft. Selbst wenn du das Gefühl hast,

dich mitten in einem Krieg zu befinden – es ist nicht dein Kampf, sondern meiner. Darum erlaube mir, deine Glaubensaugen zu öffnen, dann wirst du sehen, dass der Sieg bereits errungen ist.

In Liebe
Dein König, der dir die Augen öffnen will

....

Denn wir kämpfen nicht gegen Menschen, sondern gegen Mächte und Gewalten des Bösen, die über diese gottlose Welt herrschen und im Unsichtbaren ihr unheilvolles Wesen treiben.
Epheser 6,12

BEWAHRE DEIN HERZ UND DEINE GEDANKEN

Meine geliebte Tochter,

ich möchte, dass deine Gedanken ständig auf mich gerichtet sind. Aber ich will noch mehr von dir. Ich wünsche mir große Dinge für dich – darum möchte ich, dass du deine Gedanken schützt, indem du einmal darüber nachdenkst, was du dir ansiehst, anhörst und was du liest. Erlaube mir dann, dir die Dinge zu zeigen, die dich von deiner Berufung ablenken und davon abhalten, dich mir völlig hinzugeben. Selbst deine Gedanken können von den Dingen dieser Welt beeinflusst und kontrolliert werden. Ich möchte dich beschützen, aber ich werde dich nie dazu zwingen, auf meinen Heiligen Geist zu hören, oder deine Gedanken gewaltsam auf das lenken, was wahr, rein und gut ist. Die Entscheidung liegt bei dir, mein geliebtes Kind. Du *kannst* ein Leben führen, das von meinem Segen überfließt – ein Leben, das auf andere anziehend wirkt –, oder so leben, wie es in dieser Gesellschaft üblich ist. Ich, dein Gott, bitte dich heute, mich

zum Mittelpunkt deiner Gedanken und Gefühle zu machen. Dann wirst du das Leben entdecken, das dir wahre Erfüllung schenkt – nicht nur heute, sondern in alle Ewigkeit.

In Liebe

Dein himmlischer Vater, der dein Herz und deine Gedanken bewahrt

. . . .

... und der Friede Gottes, der unsere Vorstellungskraft übersteigt, wird eure Herzen und eure Gedanken in Jesus Christus bewahren.

Philipper 4,7 (Willkommen daheim)

ICH HALTE DICH UND GEBE DIR KRAFT

Meine geliebte Tochter,

ich habe deinem Leben Sinn und Bedeutung verliehen und halte wichtige Aufgaben für dich bereit, aber es wird viele Menschen geben, die das nicht begreifen. Vielleicht erkennst sogar du selbst nicht, dass ich dich gerade *wegen einer Situation wie der aktuellen* an deinen Platz gestellt habe. Du wirst versucht sein, alles zu tun, um entweder doch die Anerkennung deiner Mitmenschen einzuheimsen, oder kostbare Zeit damit verschwenden, die Pläne zu verteidigen, die ich dir ins Herz gelegt habe. Erinnere dich daran, dass ich der Herr, dein Gott, bin. Du hast nicht mich erwählt, ich habe *dich* erwählt. Ich kann dir dabei helfen, Hindernisse zu überwinden, die sich meiner göttlichen Absicht für dein Leben entgegenstellen. Der einzige Mensch, der mich daran hindern kann, mein wunderbares Werk in dir und durch dich zu tun,

bist *du.* Du musst also gar keine weiteren Pläne schmieden. Überlass einfach *mir* all dein Planen, und lass mich das Werk vollenden, das ich bereits in dir begonnen habe.

In Liebe
Dein König, der deinem Leben Sinn verleiht

....

„Und wer weiß, ob du nicht für eine Situation wie diese zur Königin wurdest?"
Esther 4,14 (Neues Leben)

BETE MIT VOLLMACHT

Meine geliebte Tochter,

weil du zu mir gehörst, kannst du in dieser Welt sehr viel bewegen – sei dir dessen bewusst, und lass die Gelegenheiten, die sich dir bieten, nicht ungenutzt verstreichen. Öffne deine geistlichen Augen, und du wirst entdecken, dass deine Gebete überall gebraucht werden! Wohin auch immer du heute gehst – ich kann und werde deine Schritte lenken, wenn du es zulässt. Bete, während du am Schreibtisch sitzt, während du Auto fährst, während du kochst, während du die Wäsche machst und deine Einkäufe erledigst. Denke immer daran: Das Gebet ist die mächtigste aller Waffen, die dir zur Verfügung stehen. Mache es dir deshalb zur Gewohnheit, mich zu Beginn und am Ende jedes Tages im Gebet darum zu bitten, dir in allem, was du tust, den Weg zu ebnen. Denke immer und überall daran, dass du als Königskind das Vorrecht hast,

jederzeit deine Stimme zum Himmel zu erheben. Darum halte an den Verheißungen fest, die ich dir geschenkt habe, und bete!

In Liebe
Dein König, der deine Stimme hört und dir antwortet

....

Hört nie auf, zu bitten und zu beten!
Gottes Geist wird euch dabei leiten. Bleibt wach und bereit.
Bittet Gott inständig für alle Christen.
Epheser 6,18

ICH WILL DIR EINE ECHTE FREUNDIN SCHENKEN

Meine geliebte Tochter,

ich wünsche mir für dich, dass du eine Person triffst, die eine echte Freundin für dich werden kann. Halte bewusst Ausschau nach jemandem, der das Beste in dir zum Vorschein bringt – ich selbst will dir eine solche Freundin schenken. Es kostet Zeit, eine echte, tiefgehende Freundschaft zu jemandem aufzubauen; darum wähle deine „Werkzeuge" mit Bedacht.

Das erste Werkzeug, das du brauchst, ist *Offenheit.* Die Bereitschaft, den anderen an den eigenen Gefühlen und Gedanken teilhaben zu lassen und die eigenen Stärken und Schwächen zu offenbaren. Das zweite Werkzeug ist *Wahrheit.* Ich bin der Weg, die Wahrheit und das Leben. Du wirst den Lohn wahrer Freundschaft entdecken, wenn du die Wahrheit sprichst und deine Freundin mit deinen Worten ermutigst und aufbaust. Und schließlich braucht eure Freundschaft den Schutz der *Liebe*, des *Vertrauens* und des

gemeinsamen *Gebetes*, um wachsen und gedeihen zu können.

In Liebe
Dein himmlischer Vater und wahrer Freund

....

Viele sogenannte Freunde schaden dir nur,
aber ein wirklicher Freund steht mehr zu dir als ein Bruder.
Sprüche 18,24

ICH WILL DICH BEFREIEN

Meine geliebte Tochter,

ich, dein himmlischer Vater, stehe vor der Tür deines Herzens und klopfe an. Ich sehe, dass du dich in deinen eigenen Schmerz eingeschlossen hast, aber ich werde mir den Zutritt nicht erzwingen. Ich werde weiterhin geduldig draußen warten, bis du bereit bist, mich einzulassen. Ich sehne mich danach, dich in meinen Armen zu halten, deine Tränen abzuwischen und dich mit Worten voller Liebe und Wahrheit zärtlich zu ermutigen. Ich werde weiterklopfen, selbst wenn du dich taub stellst. Ich werde vor der Tür deines Gefängnisses aus Not und Schmerz stehen bleiben und nach dir rufen. Du brauchst nicht zu antworten, aber ich werde nicht aufgeben, denn ich liebe dich über alle Maßen. Ich weiß, dass du dich aus tiefstem Herzen nach der Heilung und Wiederherstellung sehnst, die nur ich dir schenken kann. Es ist noch nicht zu spät, meine Prinzessin. Noch heute kannst du die Tür aufschließen und mich in die Dunkelheit deines Herzens einlassen. Ich werde mit meinem

Licht deine Seele erhellen und sie mit einer sanften Brise erfrischen.

In Liebe

Dein König, der dich befreit aus Dunkelheit und Schmerz

....

Merkst du es denn nicht: Ich stehe vor deiner Tür und klopfe an;
wenn du meine Stimme hörst und mir die Tür öffnest,
dann werde ich bei dir eintreten und mit dir zusammen essen
und du mit mir.

Offenbarung 3,20 (Willkommen daheim)

ICH HABE DICH AUS GNADE GERETTET

Meine geliebte Tochter,

sei nicht so streng mit dir selbst. Du bist dazu berufen, aus dem Glauben zu leben – lass dich von deinen eigenen Schwächen nicht dazu verleiten, dieses Ziel aus den Augen zu verlieren. Weißt du nicht, dass nichts von dem, was du aus deiner eigenen Kraft heraus tust, Bestand haben wird? Ich vergebe dir gern, wenn du einen falschen Weg eingeschlagen hast, und ich stehe bereit, um alle deine Schmerzen zu heilen. Es ist *meine* Aufgabe, die Kämpfe, die in deinem Innern toben, für dich auszufechten – darum verschwende keine Zeit mehr damit, dich selbst runterzuziehen, wenn du wieder einmal versagt hast. Ich liebe dich unabhängig von dem, was du getan oder gesagt hast. Gib mir eine Chance, dir zu zeigen, wer du bist, wenn du dich ganz in meine Hand gibst. Erlaube mir, dir das Geschenk meiner Gnade zu machen. Denke daran, dass ich auf Golgatha für all deine Schuld bezahlt habe. Ich habe dir dadurch ein großartiges Geschenk gemacht: Ich habe dich

von deiner Vergangenheit befreit und dir die Möglichkeit gegeben, einen neuen Anfang zu machen. Ich bitte dich: Nimm dieses Geschenk an.

In Liebe

Dein König, der dir Gnade im Überfluss schenkt

....

Denn alle, Juden wie Nichtjuden, stehen vor Gott als Sünder und in unserem Leben findet sich nichts von der Herrlichkeit Gottes. Doch wir alle werden, ohne dass wir es verdient hätten, allein durch die liebevolle Zuwendung Gottes gerecht gesprochen. Das ist die Erlösung, die Gott uns durch Jesus Christus geschenkt hat.

Römer 3,23–24 (Willkommen daheim)

DU BRAUCHST ERHOLUNG

Meine geliebte Tochter,

ich weiß, wie erschöpft du oft bist. Ich weiß, wie sehr du dich danach sehnst, mehr Energie zu haben, um deinen Alltag zu bewältigen. Meine müde Tochter – bring mir alle deine Sorgen und Verpflichtungen. Höre auf mich, wenn ich dir sage, dass du eine Pause machen solltest. Ich bin dein himmlischer Vater, und ich weiß, was du brauchst. Also höre auf denjenigen, der dich so sehr liebt und so gut kennt wie kein anderer. Ich möchte, dass du einen Glaubensschritt tust und dir jede Woche einen Tag gönnst, an dem du dich von deiner Arbeit ausruhst. Wenn du mir in diesem Punkt gehorchst, werde ich an den restlichen Tagen deine Zeit und deine Kräfte vervielfältigen, damit du trotzdem alles schaffst, was du zu erledigen hast. Ergreife diese Gelegenheit, deiner

Seele, deinem Körper und deinem Geist eine Ruhepause zu gönnen. Betrachte sie als ein persönliches Geschenk, das ich dir aus Liebe mache, und entspanne dich in meiner Gegenwart.

In Liebe
Dein himmlischer Vater, der dir Ruhe schenkt

....

Kommt her zu mir, die ihr euch mit so vielem abmüht und oft bedrückt seid. Bei mir werdet ihr Ruhe finden.
Matthäus 11,28 (Willkommen daheim)

DEINE ZEIT IST KOSTBAR

Meine geliebte Tochter,

die Zeit, die ich dir geschenkt habe, hat Bedeutung für die Ewigkeit. Dein Leben bewirkt etwas, und das Wertvollste, das du in einen Menschen oder eine Sache investieren kannst, ist deine Zeit. Deshalb vergiss nicht, sie weise in Dinge und Personen zu „investieren", die mit meinem vollkommenen Willen in Einklang sind. Nicht alle guten Gelegenheiten, die sich dir bieten, kommen von mir oder haben Bedeutung für die Ewigkeit. Deshalb investiere deine Zeit weise. Denke darüber nach, was du tust und womit du dein kostbares Leben verbringst. Füllst du deine Tage wirklich mit den Dingen, die dir am meisten bedeuten? Die Bedeutung für die Ewigkeit haben? Übernimm gerade jetzt bewusst die Kontrolle über deinen Terminkalender, und entscheide dich dafür, ein Leben zu leben, das wirklich zählt. Wenn du meine Nähe suchst, werde ich dir helfen, die Dinge aus deinem Leben zu streichen, die dich daran hindern, das zu tun, was zum jetzigen Zeitpunkt wirklich dran ist. Es gibt

nie einen falschen Zeitpunkt, das Richtige zu tun – darum komm zu mir, damit ich dir helfen kann, dein Leben so zu gestalten, dass es *in meinen Augen* fruchtbar und erfolgreich ist.

In Liebe
Dein himmlischer Vater, der Herr über Zeit und Ewigkeit

....

Alle, die sich zu Jesus Christus bekennen, müssen lernen, überall da zu helfen, wo es nötig ist. Denn sonst bleibt ihr Glaube fruchtlos.

Titus 3,14

DU BIST EIN EDLES GEFÄß

Meine geliebte Tochter,

ich bin der Meistertöpfer und du bist der Ton. Ich weiß, dass du dich danach sehnst, von mir geformt – und gebraucht – zu werden. Genau dafür habe ich dich geschaffen: um ein reines, wertvolles, nützliches Gefäß zu sein. Ich will dich mit meiner Liebe, meiner Hoffnung und meinem Segen füllen, um durch dich den Durst deiner Mitmenschen zu stillen. Selbst an den Tagen, an denen du dich zerbrochen und leer fühlst, kann ich dich gebrauchen – solange du dich meiner starken Hand nicht entziehst. Ich habe dich auserwählt, weil du deine eigene Zerbrochenheit erkannt und mir jede einzelne Scherbe deines Lebens gegeben hast. Um ein Gefäß zu werden, das ich zu meiner Ehre gebrauchen kann, genügt es nicht, hübsch und sauber auf einem Regal zu stehen und bis zum Rand mit Stolz und Selbstsicherheit gefüllt zu sein. Hab keine Angst, loszulassen, was nicht wirklich wichtig ist, und dich stattdessen von mir mit dem füllen zu lassen, was *unbezahlbar* ist. Gib dich vertrauensvoll in meine Hand. Lass dich

von mir füllen. Sei bereit, mein Gefäß zu sein, durch das ich meine Segnungen in das Leben anderer Menschen ausgieße. Dann wirst du die überströmende Freude erfahren, die sich einstellt, wenn du dich zu meiner Ehre gebrauchen lässt für all das, was gut ist und mir gefällt.

In Liebe
Dein König, der dich erschaffen hat

....

Wer sich von diesen Schwätzern fern hält, der wird wie eins der edlen Gefäße sein: rein und wertvoll, nützlich für den Hausherrn, geeignet für alles, was gut ist und Gott gefällt.

2. Timotheus 2,21

ICH BEWAHRE DICH DAVOR ZU FALLEN

Meine geliebte Tochter,

ich will mehr für dich tun, als dich nur vor dem Bösen zu bewahren. Ich will dein Herz von jedem Verlangen befreien, das nicht im Einklang mit meinem Willen ist. Wenn du auf die Probe gestellt wirst, dann steh innerlich auf, und berufe dich auf das, was in meinem Wort steht. Du wirst entdecken, dass meine Macht größer ist als die des Feindes. Bei mir findest du Kraft und Sicherheit. Ich kann dich auf dem Weg zum ewigen Leben bewahren und dafür sorgen, dass nichts den vollkommenen Plan vereitelt, den ich für dich habe. Ich habe dich zu einer Aufgabe berufen, die viel großartiger ist als jedes Vergnügen, das diese Welt zu bieten hat. Darum rufe mich an, bevor du in eine Falle stolperst, und ich werde einen Ausweg für dich schaffen. Suche meine Nähe, und ich werde dir die Kraft schenken, Versuchungen zu widerstehen. Je mehr du meine Güte schmeckst, desto weniger wirst du irgendwelchen Versuchungen erliegen. Gerade in deiner

Schwäche kann meine Macht in dir wirken, und ich werde dir die Kraft schenken, jede schwierige Situation entweder zu meistern oder ihr den Rücken zu kehren. Darum mach dich in meinem Namen auf den Weg – ich werde dafür sorgen, dass du ein ausgeglichenes Leben führst.

In Liebe
Dein himmlischer Vater und Bewahrer

....

Ich bitte Gott, dass er euch aus seinem unerschöpflichen Reichtum Kraft schenkt, damit ihr durch seinen Geist innerlich stark werdet.

Epheser 3,16

ICH MÖCHTE, DASS DU ZUFRIEDEN BIST

Meine geliebte Tochter,

als du mich in dein Leben eingeladen hast, habe ich dir meinen Frieden geschenkt. Und wenn du über das nachdenkst, was ich für dich getan habe und für dich tue, wirst du merken, dass du eigentlich gar nicht mehr brauchst. Es gibt auch so vieles, worauf du dich freuen kannst, wenn du einmal für immer bei mir in deiner himmlischen Heimat sein wirst. Aber solange du in dieser Welt lebst, solltest du dir vor Augen halten, dass nichts, das du kaufst oder ansammelst, deiner Seele die Zufriedenheit und deinem Geist die Ruhe schenken kann, die du bei mir findest. Du hast nichts mitgebracht, als du auf diese Welt gekommen bist, und du wirst nichts mitnehmen können, wenn du sie einmal verlässt. Erlaube mir, dir mehr zu geben als die guten Gaben, die dieses Leben zu bieten hat. Ich will dir einen Ort der Ruhe schenken, der mit Freuden geschmückt und mit Erinnerungen gefüllt ist, die dir mehr bedeuten werden als alles, was diese

Welt dir anbieten kann. Darum sammle Schätze bei mir im Himmel, und ich werde dir einen Reichtum schenken, der dich glücklicher macht als alles, was man mit Geld kaufen kann.

In Liebe
Dein König, der dir Zufriedenheit schenkt

....

Ob ich nun wenig oder viel habe, beides ist mir durchaus vertraut, und so kann ich mit beidem fertig werden: Ich kann satt sein und hungern; ich kann Mangel leiden und Überfluss haben. Alles kann ich durch Christus, der mir Kraft und Stärke gibt.

Philipper 4,12–13

LIEBE MEIN WORT LEIDENSCHAFTLICH

Meine geliebte Tochter,

ich möchte, dass du in deinem Herzen eine tiefe Leidenschaft für mein geschriebenes Wort empfindest. Ich verspreche dir: Je mehr du in meinem Wort liest, desto mehr wirst du dich danach sehnen, meine Nähe zu suchen. Lass nicht zu, dass irgendjemand oder irgendetwas uns beiden diese Zeit der Gemeinschaft nimmt, mein Kind. Ich weiß, dass du mich liebst, aber manchmal sind deine Augen auch auf etwas anderes gerichtet als auf mich. Nur in meinem Wort findest du die übernatürliche Weisheit, die du brauchst, um dein Leben zu bewältigen. Nur mein Wort zeigt dir, wer du wirklich bist und wie sehr ich dich liebe. Ich weiß, dass es auf dieser Welt viel zu sehen und zu tun gibt, aber nichts kann dir die Segnungen und die Sicherheit schenken, die du in dem Liebesbrief entdecken wirst, den ich für dich geschrieben habe – mein Wort. Schlage heute deine Bibel auf, und erlaube mir, mich dir auf ganz reale, persönliche Weise zu

offenbaren. Ich werde alle Zeit, die du mit mir verbringst, durch meine übernatürliche Kraft vervielfältigen. Darum suche meine Nähe, dann werde ich dir nah sein.

In Liebe
Dein himmlischer Vater, der das Wort des Lebens ist

....

Dein Wort ist wie ein Licht in der Nacht,
das meinen Weg erleuchtet.
Psalm 119,105

ZEIGE DEN VERLORENEN DEN WEG

Meine geliebte Tochter,

ich lebe in dir und mit dir. Weil meine Kraft dein Leben erfüllt, hast du die Fähigkeit, all denen, die mich brauchen, den Weg zu zeigen. Aber du wirst meine Kraft nicht entdecken und deine Berufung nicht erfüllen, wenn du versuchst, dein Leben auf dem aufzubauen, was du selbst erreicht hast. Ich habe dich bewusst dafür ausgewählt, Menschen, die in einem trockenen, verdurstenden Land umherirren, Erfrischung zu schenken. Es gibt so viele, die verloren sind und sich allein fühlen. Ihre Becher sind so leer wie ihre Seelen. Darum erlaube mir, dich mit meinem Geist zu füllen. Ich werde dir zeigen, wie du ihnen lebendiges Wasser bringen und sie zu der Quelle der Liebe führen kannst, nach der sie sich so sehnen. Ich werde dir einen Weg bahnen, auf dem du sie zu mir führen kannst.

In Liebe

Dein himmlischer Vater, der dich erfrischt und leitet

Zu allen Zeiten werden Menschen nur eines über Gott sagen können: Das unendliche Ausmaß seiner Gnade, die er uns in Jesus Christus geschenkt hat, ist unvorstellbar. Wir haben seine Güte am eigenen Leib erfahren.

Epheser 2,7 (Willkommen daheim)

DU DARFST MICH UM ALLES BITTEN

Meine geliebte Tochter,

ich bin allmächtig, und ich bereite dich darauf vor, eine wichtige Rolle in meinem ewigen Plan zu spielen. Lass dich von vergangenen Enttäuschungen nicht davon abhalten, große Träume zu träumen. Halte dir vor Augen, dass es nicht dein Glaube *an mich* war, der deine Träume so schmerzvoll zerbrechen ließ – es war dein Glaube *an Menschen*. Ich bin dein himmlischer Vater, und ich kann alles tun, worum du mich bittest. König David begann als kleiner Hirtenjunge, aber sein Glaube war groß genug, dass er einen Riesen töten konnte. Ich bin heute genauso real *bei dir,* wie ich es damals bei David war. Darum bitte mich um Hilfe, gehorche mir, und suche mich mit ganzem Herzen, mit ganzem Verstand und mit all deiner Kraft. Dann wirst du sehen, wie sich

meine Verheißungen für dich nach meinem vollkommenen Zeitplan erfüllen.

In Liebe

Dein himmlischer Vater, der die Antwort auf alle deine Gebete ist

....

Worum auch immer ihr in meinem Namen bittet,
das werde ich tun.

Johannes 14,14 (Willkommen daheim)

BEKENNE MIR DEINE SCHULD

Meine geliebte Tochter,

ich freue mich darüber, wenn du zu mir kommst, um mir deine Schuld zu bekennen. Ich bin dein Zufluchtsort und deine Rettung. Es gibt nichts, was so schlimm wäre, dass du es mir nicht sagen könntest – ich bin allem gewachsen. Ich weiß jetzt schon alles, was du getan hast, und alle deine Gedanken und Motive sind mir vertraut. Warum solltest du auch nur einen Augenblick mit dem Versuch verschwenden, irgendein Fehlverhalten vor mir zu verbergen? Lass uns die Dinge gemeinsam in Ordnung bringen. Erzähl mir doch von dieser Sache, die dich daran hindert, das gesegnete Leben zu führen, nach dem du dich so sehnst. Ich bin jederzeit bereit, deiner Seele wieder Frieden zu schenken und dich so rein zu machen wie Schnee. Bitte komm mit aufrichtigem Herzen zu mir, und verschweige mir nichts – ich bin dein Retter, der dich über alles liebt. Lass uns miteinander reden, und erlaube mir, dir die Last deiner Schuld abzunehmen. Komm zu mir, und bekenne mir, was dich bedrückt. Dann werde ich

dich reinwaschen und deinen Geist, deine Seele und deinen Körper vollkommen gesund machen.

In Liebe
Dein König und Retter, der für dich gestorben ist

....

Da endlich gestand ich dir meine Sünde; mein Unrecht wollte ich nicht länger verschweigen. Ich sagte: „Ich will dem Herrn meine Vergehen bekennen!" Und wirklich: Du hast mir meine ganze Schuld vergeben!

Psalm 32,5

DU BIST EINE NEUE SCHÖPFUNG

Meine geliebte Tochter,

du bist unglaublich wertvoll. Nun, da mein Geist in dir lebt, sehne ich mich danach, dir zu zeigen, wer du wirklich bist. Lass mich mit dem beginnen, was du nicht bist: Du bist *keine* Sklavin der Sünde mehr. Der Feind hat keine Macht mehr über dich. Du gehörst auch nicht mehr dir selbst, weil ich dich mit meinem Leben und Sterben erkauft habe.

Als dein Vater bitte ich dich, höhere Maßstäbe an dich anzulegen als bisher. Lege die alten Gewohnheiten ab, die dich daran hindern, wirklich das neue Leben zu führen, das ich dir schenke. Wir können erst dann die nächsten Schritte auf unserer gemeinsamen Reise machen, wenn du bereit bist, meine Unterweisung anzunehmen. Ebenso wie ich Abraham eingeladen habe, seinen Wohlfühlbereich zu verlassen und in unbekanntes Gebiet vorzudringen, führe ich auch dich

aus deinem bisherigen Leben heraus. Und ich lade dich dazu ein, in meine Gegenwart zu kommen und meine Kraft zu empfangen, die dein Leben verwandelt und erneuert.

In Liebe
Dein himmlischer Vater, der dir neues Leben schenkt

....

Wenn jemand zu Christus gehört (also ihn als seinen Herrn und Erlöser angenommen hat), dann ist er eine neue Schöpfung. Das Alte ist vergangen, es ist wirklich etwas ganz Neues entstanden.
2. Korinther 5,17 (Willkommen daheim)

ICH TUE DAS, WAS AM BESTEN FÜR DICH IST

Meine geliebte Tochter,

da ich deine Vergangenheit kenne, aber auch deine Zukunft, weiß ich, was das Beste für dich ist, und nichts geschieht in deinem Leben ohne mein Wissen. Ich sehe deine Enttäuschung, wenn sich die Dinge nicht so entwickeln, wie du es dir vorgestellt hast. Aber wenn du deine Augen zum Himmel erheben und sehen könntest, wie meine Hand die Ereignisse nach meinem ewigen Plan lenkt, würdest du mich besser verstehen. Vergiss nicht, dass dein Leben auf dieser Erde nicht ewig dauert… Oder um es anders zu sagen: Du bist noch nicht zu Hause. Aber solange du auf dieser Erde lebst, wünsche ich mir, dass du mir trotz deiner Enttäuschungen vertraust und mir erlaubst, deinen Schmerz in die bedingungslose Bereitschaft zu verwandeln, unbeirrbar weiter voranzugehen. Warte auf mich, mein geliebtes Kind. Gib

nicht auf! Halte dich stattdessen an meiner Hand fest, und vertraue meinem perfekten Plan in der Gewissheit, dass ich nur das Allerbeste für dich im Sinn habe.

In Liebe
Dein König und Vater, der genau weiß, was das Beste für dich ist

....

Der Herr gibt auf dich Acht; er steht dir zur Seite und bietet dir Schutz vor drohenden Gefahren.

Psalm 121,5

ICH HABE DICH IN MEINEN DIENST GERUFEN

Meine geliebte Tochter,

ich habe dich dazu berufen, einen besonderen Auftrag für mich zu erfüllen – ebenso wie ich schon die Gläubigen berufen habe, die vor dir gelebt haben. Ich weiß, dass diese Berufung dich manchmal viel kosten wird, aber der ewige Lohn, den du dafür erhalten wirst, ist unvergleichlich größer. Ich habe dich ebenso wie Königin Esther dazu befähigt, so zu leben, dass alle sehen können, dass du zu mir gehörst, dem lebendigen Gott. Manche werden dich für deine Hingabe bewundern, und andere werden sich wünschen, dass du versagst. Du wirst vielleicht stolpern, weil du nicht vollkommen bist, aber du kannst aus deinen Fehlern lernen und dadurch klüger werden. Setze dich nicht selbst unter Druck – ich erwarte nicht von dir, dass du vollkommen bist. Ich bin der Einzige, der dich vollkommen machen kann, meine

Prinzessin. Alles, was ich von dir verlange, ist, dass du dich mir ganz zur Verfügung stellst und dadurch deinen Mitmenschen zeigst, dass du zu mir gehörst und mich liebst.

In Liebe
Dein König, der dich in seinen Dienst ruft

....

Ich habe dich schon gekannt, ehe ich dich im Mutterleib bildete,
und ehe du geboren wurdest, habe ich dich erwählt.
Du sollst ein Prophet sein, der den Völkern
meine Botschaften verkündet.
Jeremia 1,5

DU DARFST WEINEN

Meine geliebte Tochter,

so oft sehe ich, wie sehr du dich bemühst, mit deinen Gefühlen zurechtzukommen, und ich weiß, dass du dich danach sehnst, ein Leben ohne Leid und Schmerzen zu führen. Ich bitte dich, einen Schritt auf deinen Vater im Himmel zuzugehen, indem du mir dein Herz ausschüttest, wenn du Kummer hast. Erlaube mir, dich zu heilen. Erinnerst du dich an David, meinen auserwählten König? Er ist zu mir gekommen und hat mir ehrlich von seinen Ängsten, Enttäuschungen und Sünden erzählt, und ich habe ihm geantwortet. Auch du bist mein auserwähltes Kind, meine geliebte Tochter … darum ist es völlig in Ordnung, wenn du weinst. Ich erwarte nicht von dir, dass du so tust, als wäre dein Schmerz nicht real. Wenn du aufrichtig zu mir bist und deine Tränen nicht vor mir verbirgst, wirst du eine Freiheit erleben, wie nur ich sie dir schenken kann. Vertrau

mir den Teil deines Herzens an, den nur ich heilen kann. Erlaube deinem himmlischen Papa, dich in seinen Armen zu halten, während du weinst.

In Liebe

Dein himmlischer Vater, der deine Tränen abwischt

....

Wer die Saat mit Tränen aussät,
wird voller Freude die Ernte einbringen.
Psalm 126,5

VERTRAU MIR DIE KONTROLLE ÜBER DEIN LEBEN AN

Meine geliebte Tochter,

ich bin dein König, der alle Dinge in seiner Hand hält. Wenn die Stürme toben und die Wellen gegen die Seiten deines Lebensschiffes schlagen, will ich dich in Sicherheit bringen. Ich bin nicht nur der Kapitän deines Lebensschiffes, ich habe auch die Macht über den Sturm. Ich weiß, dass du gern die Dinge selbst unter Kontrolle hast, indem du dich mit aller Macht ans Steuer klammerst, aber ich bin derjenige, der dich und deine Zukunft in seiner Hand hält. Ich kenne nicht nur deine Vergangenheit und deine Gegenwart, sondern weiß auch, was morgen noch kommt. Verschwende doch deine Kraft nicht länger weiterhin damit, nach jedem neuerlichen Schiffbruch dein Leben wiederaufzubauen. Ich bin derjenige, der aus dem, was zerbrochen ist, etwas macht, das noch schöner ist als das, was kaputtgegangen ist. Darum lege dein Leben vertrauensvoll in meine Hand. Ich werde dir im Sturm Ruhe schenken oder dich sicher durch die tosenden

Wellen tragen. Was auch immer ich tue – bei mir bist du in Sicherheit.

In Liebe
Dein König, der den Sturm stillt

. . . .

In höchster Not rüttelten die Jünger Jesus wach:
„Herr!", schrien sie, „Herr, wir gehen unter!"
Jesus stand auf und bedrohte den Wind und die Wellen.
Da legte sich der Sturm und es wurde ganz still.
Lukas 8,24

VERSCHENKE DICH AN ANDERE

Meine geliebte Tochter,

ich sehe, wie oft du dich selbst an andere verschenkst. Ich freue mich so darüber, wie viel Liebe du für sie empfindest und wie bereitwillig du denen hilfst, die in Not sind. Jedes Mal, wenn du über dich selbst hinauswächst und mir zuliebe anderen etwas von deiner Zeit und deiner Kraft schenkst, wirst du dadurch wahres Glück und tiefe Zufriedenheit erfahren. Doch eines kann ich dir versprechen: dass du mir niemals mehr schenken kannst als ich dir. Alles, was du tust oder sagst, um mein Reich zu bauen, wird dir überreichlich zurückerstattet werden. Und nun mach dich auf den Weg … Schenke dieser Welt, die sich nach einer Berührung von mir verzehrt, deine Zeit und deine Liebe.

In Liebe

Dein himmlischer Vater, der allein wahres Leben schenkt

Erfrischt euch ein Mensch mit einem Schluck Wasser,
weil ihr zu Christus gehört, so wird er seinen Lohn erhalten.
Darauf könnt ihr euch verlassen!

Markus 9,41

ÜBERSCHLAGE DIE KOSTEN

Meine geliebte Tochter,

ich habe für dich alles gegeben, was ich hatte. Ich habe mich selbst hingegeben und bin am Kreuz für dich gestorben. Deine Seele ist so kostbar, dass sie mir das wert war. Als ich zu meinem Vater im Himmel geschrien habe: „Vergib ihnen, denn sie wissen nicht, was sie tun!", habe ich damit auch dich gemeint. Ich weiß, welche Herausforderungen dein Leben Tag für Tag birgt und dass es dir manchmal schwerfällt, meine Gegenwart in deinem anstrengenden Alltag zu spüren. Doch wenn du eines Tages den wunderschönen Himmel siehst, den ich voller Liebe für dich vorbereitet habe, wirst du ohne Zweifel sagen, dass es sich gelohnt hat, dein Leben in meine Hand zu legen und mir nachzufolgen. Es gibt keine sicherere Methode, um dein „Kapital" anzulegen, als es in mein Reich zu investieren. Denke daran, mein geliebtes Kind: Dass ich dich geschaffen und an diesen Platz gestellt habe, ist Teil meines ewigen, göttlichen Plans. Darum überschlage die Kosten, bevor du dich einem Menschen

oder einer Sache verpflichtest – denn du bist mehr wert als alles Geld der Welt.

In Liebe

Dein König, der einen hohen Preis für dich bezahlt hat

....

Denn ein Menschenleben kann man nicht mit Gold aufwiegen – aller Reichtum dieser Welt wäre noch zu wenig!

Psalm 49,9

SEI GANZ DU SELBST

Meine geliebte Tochter,

in meinen Augen bist du wertvoll und wunderschön. Du brauchst dich niemals zu verstellen oder etwas vorzutäuschen. Du brauchst nicht zu versuchen, mich dadurch zu beeindrucken, dass du mir vorspielst, in deinem Leben sei alles vollkommen. Ich wünsche mir, dass du die wunderbare Freiheit genießt, dass du bei mir ganz du selbst sein kannst. Je echter du wirst, desto besser wird deine Beziehung zu deinen Mitmenschen sein. Mach mir und anderen nicht länger etwas vor, Prinzessin. Ich liebe dich genauso, wie du bist, und ich möchte, dass du in allem, was du sagst und tust, ganz ehrlich zu mir bist. Ich habe mein Leben für dich gegeben, um dir dadurch die Freiheit zu schenken, ganz du selbst zu sein. Lass nicht zu, dass irgendjemand dir deine Freude

raubt, indem er dich zu etwas macht, was du nicht bist. Sei dir selbst und mir treu, denn ich liebe dich so, wie du wirklich bist.

In Liebe
Dein König, bei dem du ganz du selbst sein darfst

....

Der Herr ist Geist, und wo der Geist des Herrn ist,
da ist Freiheit.
2. Korinther 3,17 (Willkommen daheim)

ACHTE AUF DEINE WORTE

Meine geliebte Tochter,

denke daran, dass du mit deinen Worten die Macht über Leben und Tod hast. Tag für Tag werden sich dir Gelegenheiten bieten, über andere zu reden. Überlass doch mir die Kontrolle über deine Gespräche. Wenn du versucht bist, über andere zu tratschen, dann bete. Ich bin der Einzige, der deine Zunge zähmen kann. Ich weiß, wie schwer es ist, zu denken, bevor man redet, aber ich werde dir dabei helfen. Ich möchte, dass du sorgfältig darauf achtest, wem du zuhörst und auf welche Gespräche du dich einlässt. Gespräche mit den falschen Leuten und unnützes Geschwätz oder destruktiver Tratsch können dich wertvolle Freundschaften und deinen guten Ruf kosten. Ich bin gern bereit, mir alles anzuhören, was dich in Bezug auf deine Mitmenschen beschäftigt. Sprich also als Erstes mit mir, dann werde ich

dir Worte der Weisheit schenken, mit denen du andere aufbauen kannst.

In Liebe
Dein himmlischer Vater, der über deine Worte wacht

....

Verletzt andere nicht durch lieblose Kritik. Sorgt lieber dafür, dass ihr immer wieder ein gutes Wort habt, das anderen guttut und ihnen in ihrer Situation hilft. Nur so können diese Menschen etwas von der Liebe und Gnade Gottes erfahren.
Epheser 4,29 (Willkommen daheim)

LASS DEINE SCHULD LOS

Meine geliebte Tochter,

alle Menschen sind Sünder und haben von Natur aus nichts aufzuweisen, was mir gefallen könnte – warum fällt es dir dann so schwer, dir selbst zu vergeben, wenn du einen Fehler machst? Weißt du denn nicht, dass ich dir wieder auf die Beine helfen werde, wenn du mich um Hilfe bittest und deinen Fehler bereust? Keine Schuld kann so groß sein, dass sie mich, deinen König, daran hindern könnte, dich weiterhin als meine Königstochter anzunehmen. Wenn du in die Bibel schaust, wirst du feststellen, dass viele meiner Auserwählten Fehler gemacht haben. Doch ich habe jedem von ihnen einen Neuanfang geschenkt und dasselbe werde ich auch für dich tun. Heute ist ein neuer Tag, und ich bin gern bereit, etwas Neues in deinem Leben zu tun. Darum klammere dich nicht länger an deine Schuld, sondern vertraue darauf, dass ich in Ordnung bringen kann, was falsch gelaufen ist. Bleib ganz gelassen, und schau zu, wie ich dich nach und nach in die Frau verwandle, als die ich dich erschaffen habe. Ich bin

der Gott der zweiten Chancen und meine Gnade hört niemals auf!

In Liebe
Dein König, der dir deine Schuld nimmt

. . . .

Denkt nicht mehr daran, was war, und grübelt nicht mehr über das Vergangene. Seht hin; ich mache etwas Neues!

Jesaja 43,18–19 (Neues Leben)

LERNE, GRENZEN ZU SETZEN

Meine geliebte Tochter,

komm zu mir, wenn du dich gestresst und überfordert fühlst. Ich möchte dich an einen Ort bringen, wo du Ruhe findest und über dein Leben nachdenken kannst. Ich verlange gar nicht von dir, *jedem alles* zu sein. Du selbst bist oft diejenige, die das von dir verlangt. Auch mein Sohn Jesus musste sich manchmal den Forderungen der Menge entziehen, um mit mir allein zu sein und dadurch neue Kraft zu schöpfen. Lass uns abklären, was für dich wirklich am wichtigsten ist, damit wir gemeinsam ein paar Grenzen festlegen können, die dir helfen, deinen inneren Frieden zu bewahren und das Ziel deines Lebens im Auge zu behalten. Auch ich habe dem unerschöpflichen Meer Grenzen gesetzt. Es ist gut, wenn du deine kostbare Zeit sehr bewusst nutzt und dir klar machst, dass es in Ordnung ist, manchmal Nein zu sagen.

Dieses eine Wort kann dich von enormem Druck befreien und dir helfen, dein Leben sinnvoll zu planen und inneren Frieden zu finden.

In Liebe
Dein himmlischer Vater, der deine Grenzen kennt

....

Überleg sorgfältig, was du tun willst, und dann lass dich davon nicht mehr abbringen! Schau weder nach rechts noch nach links, damit du nicht auf Abwege gerätst.

Sprüche 4,26–27

GEH, WOHIN ICH DICH SENDE

Meine geliebte Tochter,

du fragst mich manchmal, wo dein Platz in dieser Welt ist, und meine Antwort lautet: wo immer du gerade stehst. Ich liebe es, wenn du mit der Bereitschaft zu mir kommst, dich von mir gebrauchen zu lassen, dir einen Auftrag zu geben. Wenn du bereit bist, bringe ich dich gern in Situationen, in denen du anderen zum Segen werden kannst. Wenn du von meiner Kraft erfüllt bist, kann auch dein bescheidenster Einsatz die Bürde eines anderen Menschen erleichtern. Du wirst nicht immer verstehen, warum ich dich damit beauftrage, Dinge zu tun, von denen sonst niemand etwas mitbekommt, aber du tust das ja nicht für andere – du tust es für mich. Was du jetzt machst, wird auf der anderen Seite der Ewigkeit einmal von allen gesehen werden. Darum geh, wohin

ich dich heute sende. Du darfst sicher sein, dass ich den Weg für dich vorbereitet habe.

In Liebe
Dein himmlischer Vater, der selbst der Weg ist

....

Meine lieben Brüder und Schwestern, bleibt fest und unerschütterlich in eurem Glauben! Setzt euch mit aller Kraft für den Herrn ein, denn ihr wisst: Nichts ist vergeblich, was ihr für ihn tut.

1. Korinther 15,58

SORGE GUT FÜR DICH SELBST

Meine geliebte Tochter,

du bist für mich etwas ganz besonders Kostbares. Du bist mein Tempel und ich – dein König – wohne in dir. Ich habe dich dazu erschaffen, eine königliche, heilige Wohnung zu sein, in der mein Heiliger Geist lebt. Ich wünsche mir, dass du ein wunderbares, leuchtendes Beispiel meiner Kunstfertigkeit bist, das die ganze Welt bewundern kann. Aber auch, wenn dein ewiger König in dir wohnt, braucht dein Körper dennoch Ruhe. Nimm dir Zeit für dich selbst; das ist ganz wichtig für deine geistige und deine geistliche Gesundheit. Du bist nicht egoistisch, wenn du das tust – also lass dir von anderen deshalb keine Schuldgefühle machen. Meine Königstochter, du und ich werden in vollkommener Harmonie gemeinsam den göttlichen Auftrag verfolgen, das Leben deiner Mitmenschen zu berühren. Komme in deinen Zeiten

der Stille in meine Gegenwart, und erlaube mir, deinen „Tempel“ mit neuer Kraft zu erfüllen. Es ist mir eine große Freude, dir alles zu geben, was du brauchst.

In Liebe
Dein König, der für dich sorgt

. . . .

Denkt also daran, dass ihr Gottes Tempel seid und
dass Gottes Geist in euch wohnt! Wer diesen Tempel zerstört,
den wird Gott richten. Denn Gottes Tempel ist heilig
und dieser Tempel seid ihr!
1. Korinther 3,16–17

DIE LIEBE IST KEIN SPIEL

Meine geliebte Tochter,

mach dir eines bewusst: Die Liebe ist kein Spiel – sie ist ein Geschenk. Ich weiß, dass es Menschen gibt, denen es nicht viel bedeutet, wenn du ihnen dein Herz schenkst, aber ich sage dir, dass dein Herz unendlich wertvoll ist. Denke über deine Beziehungen nach, meine Königstochter. Welchen Menschen öffnest du dein Herz? Helfen sie dir, mir näherzukommen, oder ziehen sie dich von mir weg? Ich habe mein Leben gegeben, damit du befreit leben kannst. Ich will nicht, dass du dich auf „Beziehungsspiele" einlässt, um es deinen Mitmenschen recht zu machen. Wenn du dich dafür entscheidest, diese Spiele zu spielen, wirst du all das verpassen, was ich für dich bereithalte. Ich bin dein Vater, und ich weiß, was für meine Tochter gut ist. Halte dich an mich, und lass die Menschen gehen, die dir schaden. Dann verlieren sie ihre

Macht über dich, und du erkennst, was eine echte, dauerhafte Beziehung ausmacht.

In Liebe

Dein himmlischer Vater, der dir die Freiheit geschenkt hat

....

Euer Leib ist der Tempel des Heiligen Geistes. Ihn habt ihr von Gott erhalten, darum gehört er nicht mehr euch selbst, und ihr könnt auch mit ihm nicht machen, was ihr wollt. Ihr seid zu einem zu hohen Preis errettet worden! Macht also Gott auch mit eurem Leib Ehre!

1. Korinther 6,19–20 (Willkommen daheim)

NIMM DEINE MITMENSCHEN AN

Meine geliebte Tochter,

du bist einzigartig! Deine Art zu denken und die Talente, die du besitzt, sind ein persönliches Geschenk von mir. Ich habe dir dieses Geschenk nicht gegeben, damit du dich selbst mit anderen vergleichst oder auf deine Mitmenschen herabschaust. Niemand ist *wie du!* Aber keines meiner Kinder ist weniger wert als das andere. Ich möchte, dass du dich umschaust und siehst, wie vielfältig und bunt ich die Welt erschaffen habe, indem ich sie mit den unterschiedlichsten Persönlichkeiten bevölkert habe. Wie herrlich meine Schöpfung ist, lässt sich an den kleinen Details genauso gut erkennen wie an den großen Unterschieden. Beziehungen sind dann besonders schön und wertvoll, wenn verschiedene Gaben und Temperamente in göttlicher Harmonie zusammenwirken. Deine Aufgabe besteht nicht darin, andere in deine eigene Form zu pressen, sondern ihnen zu helfen, ihr eigenes Geschenk zu öffnen, indem du sie so annimmst, wie ich dich annehme. Denke daran, meine geliebte Tochter:

Ich habe dir deine Gaben gegeben, damit du anderen damit Freude machst und ihnen hilfst.

In Liebe,
Dein himmlischer Vater, der selbst dein größtes Geschenk ist

. . . .

So verschieden die Gaben auch sind, die Gott uns gibt, sie stammen alle von ein und demselben Geist.

1. Korinther 12,4

DU BIST MEIN MEISTERWERK

Meine geliebte Tochter,

ich liebe das, was ich geschaffen habe. Ich bin völlig begeistert von dir!

Du brauchst niemals unsicher zu sein, weil du das Gefühl hast, dass du nicht hübsch genug, sportlich genug, klug genug … bist. Ich habe dich nach meinem Bild geschaffen und deine Einzigartigkeit ist ein Geschenk von mir. Es gibt niemanden, der genau so ist wie du! Ich habe dir nicht deshalb das Leben geschenkt, damit du dich in eine von Menschen geschaffene Form pressen lässt. Du bist ein Königskind, aber du wirst diese Wahrheit nicht entdecken, wenn du in den Spiegel blickst und dich mit anderen vergleichst. Lass *mich* dein Spiegel sein, dann werde ich dir deine wahre Schönheit zeigen. Je länger du mich anschaust, desto deutlicher wirst du erkennen, wie kunstvoll ich *dich* geschaffen habe. Je

eher du dich selbst so siehst, wie du wirklich bist, desto eher kannst du deine Regentschaft als Königstocher antreten und damit beginnen, deine Lebensaufgabe zu erfüllen.

In Liebe
Dein König, der dich geschaffen hat

....

Wir sind ... seine ureigenste Schöpfung, ins Leben gerufen durch Jesus Christus, damit wir in dieser Welt all die guten Dinge tun können, die Gott schon im Voraus für uns vorbereitet hat.
Epheser 2,10 (Willkommen daheim)

MEINE LIEBE ZU DIR ÜBERSTEIGT ALLE VORSTELLUNGSKRAFT

Meine geliebte Tochter,

man kann mit Worten gar nicht beschreiben, wie sehr ich dich liebe. Das ist der Grund, warum ich am Kreuz meine liebenden Arme weit ausgestreckt habe und für dich gestorben bin. Ich weiß, dass du dich manchmal alles andere als liebenswert fühlst, aber du brauchst dir meine Zuneigung nicht zu verdienen. Ich liebe dich über alles. Du bist mein Geschöpf. Ich möchte, dass du meine Hingabe an dich niemals infrage stellst.

Ich bin auch dein göttlicher Liebhaber – darum erlaube mir, alle deine Bedürfnisse zu stillen. Du musst nicht anderswo nach falscher Liebe suchen. Schenk mir einfach dein Herz und ich werde dich mit ewiger Liebe erfüllen. Dann wirst du meine heilige Gegenwart spüren und dich deinerseits in mich verlieben.

In Liebe

Dein König, der gar nicht aufhören kann, dich zu lieben

Vater, lass sie fest in der Liebe verwurzelt sein und ihr Leben auf diese aufbauen, damit sie in der Lage sind, zu begreifen, wie unvorstellbar groß und weit, wie hoch und wie tief die Liebe Christi ist, die alle Vorstellungskraft übersteigt. Vater, erfülle sie mit der ganzen Fülle deiner Herrlichkeit!

Epheser 4,18–19 (Willkommen daheim)

DU HAST EINE WOHNUNG IM HIMMEL

Meine geliebte Tochter,

hast du gewusst, dass ich im Himmel eine Wohnung für dich vorbereitet habe? Sie ist herrlicher, als du dir das je vorstellen kannst. Was dich erwartet, ist unendlich viel schöner als alles, was deine Augen je gesehen und deine Ohren je gehört haben – schöner als alles, was du dir jemals ausdenken könntest. Deshalb solltest du lernen, dein Leben unter dem Blickwinkel der Ewigkeit zu betrachten. Wenn du einmal die Grenze zur Ewigkeit passierst, wirst du nichts mitnehmen können von all dem, was dir hier auf Erden gehört hat. Deshalb hast du hier nur *eine* Aufgabe: deinen Mitmenschen die lebensverändernde Botschaft zu überbringen, dass ich sie retten möchte. Sammle keine Dinge an – sammle Menschen! Als du meine Tochter wurdest, hast du damit den Auftrag bekommen, andere ebenfalls in meine Familie einzuladen. Und das wird niemand wollen wegen all der Dinge, die du *besitzt.* Aber wenn sie sehen, wie sehr es dein Leben

verändert hat, und wenn sie erfahren, wie sehr ich sie liebe! Deshalb erzähle ihnen davon, dass ich großartige Pläne für ihr Leben habe und dass sie eingeladen sind, einmal in meinem ewigen himmlischen Reich mit mir zu leben.

In Liebe

Dein himmlischer Vater, der eine ewige Heimat für dich vorbereitet

....

Was kein Auge gesehen und kein Ohr gehört hat,
was sich kein Mensch jemals ausdenken kann, das hat Gott
für die vorbereitet, die ihn lieben.
1. Korinther 2,9 (Willkommen daheim)

ICH FREUE MICH ÜBER DICH

Meine geliebte Tochter,

es bereitet mir große Freude zu sehen, wie du innerlich immer schöner wirst und wie mein Wesen in dir immer mehr Gestalt annimmt. Ich genieße jeden Moment, den wir miteinander verbringen. Es macht mir auch Freude, dir das zu geben, was du dir von Herzen wünschst. Ich genieße es zu hören, wenn du nach mir rufst und mit mir sprichst. Denke niemals, du wärst mir nicht wichtig! Du hast keinen Grund, jemals an meiner Liebe zu dir zu zweifeln. Es bereitet mir unglaubliches Vergnügen, dich überreichlich zu segnen. Ein anderer Mensch wird niemals in der Lage sein, deine tiefsten Nöte und Bedürfnisse zu stillen; am Ende wirst du dich nur leer und enttäuscht fühlen. Nur ich kann deine Tränen trocknen, deinen Kummer in Freude verwandeln und

die Leere in deinem Herzen füllen. Darum freue dich über mich und was ich für dich getan habe, dann wird dein Leben glücklich und erfüllt sein, weil du *meine* Freude bist.

In Liebe
Dein himmlischer Vater, der dir ewige Freude schenkt

....

Freue dich über den Herrn; er wird dir alles geben,
was du dir von Herzen wünschst.
Psalm 37,4

SUCHE MEINE NÄHE

Meine geliebte Tochter,

ich werde auf dich warten, bis du zu mir kommst. Nichts freut mich mehr, als wenn du meine Gegenwart suchst. Komm zu mir wie eine einsame Reisende, die Schutz vor einem Sturm sucht. Rette dich unter mein schützendes Dach. Finde Geborgenheit in meinen Mauern. Lass mich deine Zuflucht sein. Dafür habe ich dich geschaffen. Du warst nie dafür bestimmt, allein durch die kalten, einsamen Straßen des Lebens zu irren. Darum suche mich am Morgen, suche mich während des Tages und suche mich am Abend. Suche mich von ganzem Herzen. Wenn du das tust, wirst du mehr finden als nur vorübergehenden Schutz. Du wirst einen Ort entdecken, an dem du deine Lasten ablegen und Ruhe finden kannst. Und du wirst entdecken, dass ich die ganze Zeit über *nach dir* Ausschau gehalten habe.

In Liebe

Dein himmlischer Vater, der dir Zuflucht schenkt

Um eines habe ich den Herrn gebeten; das ist alles, was ich will: Solange ich lebe, möchte ich im Hause des Herrn bleiben.

Psalm 27,4

SEI EIN VORBILD FÜR DEINE MITMENSCHEN

Meine geliebte Tochter,

ich habe dich dazu berufen, neue Maßstäbe zu setzen und ein Vorbild für andere zu sein. Schau dich einmal um: Viele Menschen haben niemanden, der ihnen zeigt, wie ein vorbildliches Leben aussieht. Du wurdest geschaffen, um ein Leben zu leben, das höheren Maßstäben entspricht. Wenn mein Heiliger Geist dich erfüllt und du von dem Verlangen beseelt bist, immer und überall dein Bestes zu geben, wird das andere dazu inspirieren, über das Mittelmaß hinauszuwachsen und ebenfalls nach einem vorbildlichen Leben zu streben. Gemeinsam werden wir sie dazu ermutigen, das Leben im Überfluss kennenzulernen, das ich ihnen anbiete, und die Segnungen, die ich ihnen schenke, großzügig an ihre Mitmenschen weiterzugeben. Komm jeden Tag zu mir, und lass dir von mir dabei helfen, ein Leben zu führen, das andere sich zum Vorbild nehmen können. Du musst es nämlich gar nicht aus eigener Kraft schaffen. Denn: Ich möchte

dir gerne das Verlangen und die Fähigkeit schenken, ein Vorbild für deine Mitmenschen zu sein.

In Liebe
Dein himmlischer Vater, der dich reich beschenkt

....

Ihr zeichnet euch ja in jeder Hinsicht aus: durch Glauben, durch Worte, die der Heilige Geist euch eingibt, durch geistliche Erkenntnis, durch hingebungsvollen Einsatz und durch die Liebe, die wir euch vorgelebt und in euch geweckt haben. Genauso sollt ihr euch jetzt auch bei diesem Werk der Gnade Gottes auszeichnen.

2. Korinther 8,7 (Neue Genfer Übersetzung)

BEHÜTE DEIN HERZ

Meine geliebte Tochter,

wenn ich dir ein zerbrechliches, neugeborenes Baby anvertrauen würde, weiß ich, dass du alles tun würdest, um es zu beschützen. Du würdest es fest in deinen Armen halten, du würdest darauf achten, nicht zu stolpern oder auszurutschen, und du würdest dich mit wachsamen Augen umschauen, um jede mögliche Gefahr sofort zu erkennen. Pass gut auf dich auf, mein geliebtes Kind! Denn ich habe etwas in dich hineingelegt, das ebenso kostbar und zerbrechlich ist wie ein hilfloser Säugling: dein Herz, die Quelle deines Lebens! Kümmere dich darum. Beschütze es. Wache über es. Denn der Welt, die mich nicht kennt, ist jedes Mittel recht, um dein Herz zu stehlen und es zu zerstören. Ich will das Beste für dich, und auch wenn es dir manchmal so vorkommt, als ob die Vergnügungen dieser Welt ziemlich harmlos wären, so werden sie dich doch von mir trennen. Ebenso wie ein neugeborenes Kind völlig hilflos wäre, wenn es nicht liebevoll versorgt würde, wirst auch du leiden, wenn

dein Herz gestohlen wird. Darum bitte ich dich, dein Herz zu behüten und dich an mir festzuhalten, denn ich bin die Quelle deines Lebens.

In Liebe
Dein himmlischer Vater, die Quelle deines Lebens

....

Behüte dein Herz mit allem Fleiß,
denn daraus quillt das Leben.
Sprüche 4,23 (Luther)

DU WIRST UNVERGESSEN BLEIBEN

Meine geliebte Tochter,

dein Leben ist ein Schatz, durch den noch deine Enkel gesegnet werden! Ich habe dich auserwählt, um die Zukunft der Generationen zu prägen, die deinem Beispiel folgen. Selbst wenn du diese Welt schon lange verlassen hast, werden die Menschen, die dich gekannt haben, noch deine Entscheidungen, deinen Charakter, deine Liebe und deinen Gehorsam mir gegenüber vor Augen haben. Mein Heiliger Geist wird all denen Leitung und Hoffnung schenken, die beobachtet haben, wie du deiner Berufung gefolgt bist.

Ich bin am Kreuz für dich gestorben und habe dadurch den Preis für deine Sünden bezahlt. Dadurch habe ich dich nicht nur in meine Nachfolge berufen. Ich möchte auch, dass du mir immer ähnlicher wirst und erlebst, wie erfüllend es ist, ganz praktisch zu erfahren, dass dir meine Kraft immer zur Verfügung steht. Wenn du deinen Lebensweg mit mir gehst, wird dein Leben für andere mehr sein als nur eine schöne Erinnerung. Es wird einen unauslöschlichen

Eindruck im Herzen und im Leben der Menschen hinterlassen, die dich geliebt haben. Selbst die Kinder ihrer Kinder werden gesegnet sein, weil du mich geliebt hast.

In Liebe
Dein himmlischer Vater, der deine Zukunft ist

....

Glücklich ist der Mensch, der Ehrfurcht hat vor dem Herrn. Ja, glücklich ist, der sich über seine Gebote freut. Ihre Nachkommen werden zu Macht und Ansehen gelangen, die Kinder der Gottesfürchtigen werden gesegnet werden. Sie werden reich werden und ihre gerechten Taten werden unvergessen bleiben.

Psalm 112,1–3

ICH BIN DEIN ANFANG UND DEIN ENDE

Meine geliebte Tochter,

du brauchst dir keine Gedanken darüber zu machen, wann dein Leben wohl enden wird. Alles, was du wissen musst, ist, dass ich bei dir war, als du deinen ersten Atemzug getan hast, und dass dein letzter Atemzug dich in meine Gegenwart bringen wird. Lass dich niemals von der Angst vor dem Tod oder der Ewigkeit beunruhigen. Seit Anbeginn der Zeit kannte ich jeden einzelnen Tag deines Lebens – ich halte deine Gegenwart und deine Zukunft in meiner liebevollen Hand. Wenn dein kurzes Leben hier auf der Erde endet und ich dich in meine Gegenwart rufe, wird dein *ewiges Leben* im Himmel beginnen. Aber bis es soweit ist, sollst du, mein auserwähltes Kind, ohne Angst leben. Vertraue mir, dass ich dich durch alle Schwierigkeiten hindurchführen werde, mit denen du konfrontiert wirst. Denke daran, dass keine Macht des gesamten Universums uns voneinander trennen kann. Ich bin immer bei dir … bis zum Ende aller Zeiten. Darum

lebe fröhlich und halte dich an mir fest – und richte deine Hoffnung auf den Tag, an dem wir einander auf der anderen Seite der Ewigkeit von Angesicht zu Angesicht gegenüberstehen werden.

In Liebe

Dein König, der in alle Ewigkeit für dich da ist

....

Ich bin das Alpha und das Omega, der Anfang und das Ende.
Ich werde jedem, der Durst hat, vom Wasser des Lebens
zu trinken geben – umsonst.
Offenbarung 21,6 (Willkommen daheim)

EINE LETZTE ANMERKUNG DER AUTORIN

Ich bete dafür, dass du beim Lesen dieser Liebesbriefe entdecken konntest, dass Gott mit all seiner Liebe, seiner Kraft und seinen Verheißungen für dich da sein will. Aber bevor du dieses Buch aus der Hand legst, möchte ich dich fragen, ob du ihn, den König, schon persönlich kennengelernt hast. Denn um für immer in Gottes ewigem Königreich leben zu dürfen, genügt es nicht, nur von seiner Liebe zu wissen. Wir müssen seine Einladung und das Geschenk annehmen, das er uns durch seinen Sohn Jesus Christus gemacht hat. Es würde mir viel bedeuten, wenn ich dir dabei behilflich sein könnte, die Einladung anzunehmen, eine Tochter des Königs zu werden. Darum lade ich dich ein, dieses einfache Gebet mit mir zu beten:

Himmlischer Vater, ich will nicht länger ohne dich leben. Ich glaube, dass du deinen Sohn gesandt hast, damit er sein Leben für mich gab, und ich möchte, dass er mein Herr und König wird. Ich habe in meinem Leben schon so vieles falsch gemacht und brauche dich, damit du mir hilfst, wieder zu dir zurückzukehren. Ich will dein Geschenk des ewigen Lebens annehmen.

Ich danke dir, dass du meinen Namen in dein Buch des Lebens schreibst.

Ich bete dieses Gebet im Glauben und im Namen Jesu. Amen.

Nun darfst du gewiss sein, dass die Engel im Himmel jubeln und dass der Heilige Geist des lebendigen Gottes dich erfüllt. Ich freue mich schon darauf, eines Tages auf der anderen Seite der Ewigkeit gemeinsam mit dir zu feiern.

Möge unser himmlischer Vater deinen Lebensweg segnen, bis es soweit ist.

In Liebe

Sheri Rose

Jeder, der glaubt, was ich hier sage, und der sein Vertrauen auf den setzt, der mich gesandt und mir die Verantwortung übertragen hat, der darf sich eines ganz gewiss sein: Er kommt nicht ins Gericht, hat also schon jetzt, in diesem Moment, wirkliches, nicht endendes Leben und braucht deshalb den Tod nicht mehr zu fürchten!

Johannes 5,24 (Willkommen daheim)

Originally published in English under the title:
His Princess by Sheri Rose Shepherd

Published by Multnomah Books
An imprint of The Crown Publishing Group
A division of Random House LLC
12265 Oracle Boulevard, Suite 200
Colorado Springs, Colorado 80921 USA
International rights contracted through:
Gospel Literature International
P. O. Box 4060, Ontario, California 91761-1003 USA
This translation published by arrangement with
Multnomah Books, an imprint of The Crown Publishing Group,
a division of Random House LLC

9. Auflage 2025
Bestell-Nr. 817044
ISBN 978-3-95734-044-3

Umschlaggestaltung: Hanni Plato unter Verwendung von Shutterstock
Satz: Uhl + Massopust, Aalen
Druck und Verarbeitung: Print Consult GmbH, München

www.gerth.de